外文连续出版物采访工作手册

齐东峰　宋　萍　编著

国家圖書館出版社
National Library of China Publishing House

图书在版编目（CIP）数据

外文连续出版物采访工作手册/齐东峰,宋萍编著. --北京:国家图书馆出版社,2017. 2

ISBN 978 - 7 - 5013 - 6035 - 2

Ⅰ.①外… Ⅱ.①齐… ②宋… Ⅲ.①外文期刊—连续出版物—采访学—手册 Ⅳ.①G255. 2 - 62

中国版本图书馆 CIP 数据核字(2017)第 005915 号

书 名	外文连续出版物采访工作手册	
著 者	齐东峰 宋 萍 编著	
责任编辑	张 颀	

出 版	国家图书馆出版社(100034 北京市西城区文津街 7 号)	
	(原书目文献出版社 北京图书馆出版社)	
发 行	010 - 66114536 66126153 66151313 66175620	
	66121706(传真) 66126156(门市部)	
E-mail	nlcpress@ nlc. cn(邮购)	
Website	www. nlcpress. com ──→投稿中心	
经 销	新华书店	
印 装	北京鲁汇荣彩印刷有限公司	
版 次	2017 年 2 月第 1 版 2017 年 2 月第 1 次印刷	

开 本	880 毫米 × 1230 毫米 1/32	
印 张	5. 75	
字 数	158 千字	

书 号	ISBN 978 - 7 - 5013 - 6035 - 2	
定 价	38. 00元	

前　　言

当今时代,外文连续出版物的出版形势可谓瞬息万变。在发行方面,十几年前的全球连续出版物还多以纸本形式为主,如今已形成了纸电形式均衡发展之势;甚至在科技类学术期刊方面,电子形式早已占据了绝对的优势。在销售方面,出版社的销售策略(尤其是学术期刊)也随之经历了纯纸本、以纸带电、纸电并重、以电子形式为主等诸多变化。

对于我国图书馆而言,由于外文连续出版物所刊载的信息在政治、经济、文化以及科学技术等领域中都发挥着重要的作用,因此它们是各图书馆,尤其是国家图书馆、高校图书馆、专业图书馆等机构不得不入藏的文献资源。然而,连续出版物出版形势的变化、出版社销售策略的调整、图书馆馆藏发展政策的修订、用户需求和使用习惯的转变、连续出版物价格的不断攀升等,无一不给图书馆和负责外文连续出版物采访的工作人员带来新的挑战。因此,作为一本采访工作的实操参考书,《外文连续出版物采访工作手册》除针对外文纸本和电子连续出版物的采访流程进行梳理和总结外,还对外文连续出版物的出版、发行以及图书馆的采选与入藏等方面的诸多变化进行了梳理和分析,对外文连续出版物馆藏建设的评价方法进行了探讨。希望它能为我国各图书馆的外文连续出版物采访工作人员提供一定的工作参考。

本书共分七章,其中第一、三、四、五、六、七章和附录由齐东峰编写,第二章由宋萍编写。全书由齐东峰统稿。

在本书的编写过程中,国家图书馆外文采编部主任顾犇先生对大纲进行了审阅,并提出了许多修改建议,如建议对电子连续出版物相关内容作专门论述等;宋仁霞、苗璐珺、曹迁等老师对于书中的部分细节也提出了自己的看法。他们的建议对本书的完成起到了非常重要的作用。在此,笔者对以上专家和同仁的支持与帮助表示衷心的感谢。

受笔者知识和能力的限制,书中内容难免有各种疏漏和错误,欢迎各位读者批评指正。

齐东峰

2016 年 1 月

目 录

第一章　连续出版物概述

第一节　什么是连续出版物

一、连续出版物的定义

"连续出版物"是图书馆界的一个常见术语,它翻译自英语词汇"Serial"。韦伯大辞典将"Serial"一词释义为"一种无限期连续发行的出版物"[①]。在国外一些与图书馆资源著录相关的著作中,"Serial"的定义则更加具体:"以连续性分部方式发行的资源,通常载有编号,没有事先确定的终止期限(例如期刊、专著丛编、报纸等)。"[②]20 世纪 70 年代末,为统一我国文献标准,当时的全国文献工作标准化技术委员会(后更名为全国信息与文献标准化技术委员会)制定了我国第一个关于连续出版物的标准——《连续出版物著录规则》。该规则后来被国家标准 GB/T 3792.3—2009《文献著录　第 3 部分:连续性资源》代替,它将连续出版物定义为"一种具有接续关系的、以独立的卷期或部分、定期或不定期发行的连续性资源,通常带有编号,但无明确的终止日期"[③]。

根据各种文献的定义可以看出,连续出版物主要包括期刊、报纸、

[①]　Philip Babcock Gove and the Merriam-Webster editorial staff. *Webster's third new international dictionary of the English language*, *unabridged*[M]. Springfield, Mass.:Merriam-Webster,2002:2072.

[②]　RDA 发展联合指导委员会. 资源描述与检索(RDA)[M]. RDA 翻译工作组,译. 北京:国家图书馆出版社,2014:17.

[③]　全国信息与文献标准化技术委员会. GB/T 3792.3—2009 文献著录　第 3 部分:连续性资源[S]. 北京:中国标准出版社,2010:3.

年度出版物,以及计划无限期出版下去的报告、学会汇刊、会议录、专著丛编等。

二、连续出版物定义中的关键元素

1. 统一题名

是否具有统一的题名是判断出版物是否为连续出版物的必要条件,缺少这一条件的出版物不能称之为连续出版物。连续出版物的题名在创立之后通常是比较固定的。但随着时间的推移,其题名也有可能因为不合时宜而被变更。

2. 媒介和载体类型

早期的连续出版物通常以纸质载体为主。随着社会的发展和科技的进步,其媒介和载体类型逐渐走向多元化,目前主要包括缩微胶片、磁带、光盘、在线等形式。由此可见,连续出版物本身不受媒介和载体类型限制。

3. 相继连续出版

连续出版物各期次通常是相继连续发行的。它可以固定频率出版,也可以不定频率出版。

4. 卷期或年代标识

通常连续出版物的各期次上都标有编号标识体系,用以说明该期次在连续出版物整体资源中所处的位置。常用的编号标识体系有两种,即年代标识和卷期标识。年代标识可以是具体的日期(例如,一种报纸某一期次的编号标识为 2015 年 6 月 5 日),也可以是年 + 月(例如,一种期刊某一期次的编号标识为 2015 年 6 月);卷期标识可以是卷 + 期的形式(例如,第 1 卷第 1 期或 Vol. 1,no. 1),也可以是通卷标识(即只用卷标识或期标识)。对于外文期刊而言,更多的情况是卷期标识和年代标识配合使用(例如,一种期刊某一期次的编号标识为: Vol. 1,no. 1,2015)。

5. 无明确的终止日期

连续出版物应是计划无限期出版下去的,每一期都由多篇不同作者的文章、新闻或报告等组成,且内容不重复。

6. 国际标准连续出版物号(ISSN)

国际标准连续出版物号的英文全称是 International Standard Serial Number,简称 ISSN,是国际通行的连续出版物代码。通常,正式的连续出版物都须申请获得 ISSN。

三、连续出版物的其他特征

1. 出版样式和专门的编辑机构

连续出版物通常都具有固定的出版样式和专门的编辑机构;以最新的研究成果或新闻等信息为内容;报道及时,各期次一般不修订或再版。

2. 价格

除去零售外,连续出版物更多地按年预定;除增刊外,同种连续出版物各期次一般售价相同。

3. 题名的描述性和区分性

有时,连续出版物的题名自身的描述性不强,并不能体现它所承载的内容,例如 *The Bulletin of Duke University* 或 *Journal of Zhejiang University*,必须通过副题名或创办宗旨(Aim and Scope)加以体现。有时,题名也不具有区分性,两种或多种连续出版物具有相同的题名,但其出版者、创办宗旨等则不相同,例如两种题名同样为 *London Magazine* 的杂志,一种出版地在加拿大安大略省的伦敦市,另一种则在英格兰的伦敦市。这些问题往往给图书馆的采访人员带来麻烦,需要谨慎处理。

4. 连续出版物的变化

关于连续出版物的变化,通常有休、停、并、分、转、频率改变、载体变化等。所谓“休”即暂停出版;“停”即停止出版;“并”即并入其他连续出版物;“分”即一种连续出版物分裂成两种或两种以上的连续出版物;“转”即转国(或转出版社)出版。频率改变、载体变化则更加常见。

5. 不同版本

有些连续出版物在全球发行时会根据不同的地理区域分别发行不同的版本,例如 *Time*(时代周刊)就分为 Asia edition(亚洲版)、American edition(美国版)和 Canadian edition(加拿大版)等。有些还会发行不同语言的版本、不同载体的版本等。因此,采访人员需要确认哪一种才是自己机构所需要的版本。

6. 连续出版物与专著同时发行

有时,连续出版物中的某一期次还以专著的形式出版。通常该期次除含有连续出版物的统一题名、卷期或年代标识、ISSN 外,还含有独立的其他题名和国际标准书号(ISBN)。这种现象往往造成图书馆馆藏的重复购置。

7. 增刊

发行增刊是连续出版物出版过程中经常出现的行为。然而,在发行增刊时不同的连续出版物却分别有不同的方式。有些连续出版物将增刊视作"正常出版的期次",它通常具有与前后期次相连续的卷期或年代标识,只是在该期次上增加"supplement(增刊)"标识。有些连续出版物会将增刊作为某一期次的附加资料,标识为"supplement to XX(XX 期次的增刊)"。还有一些连续出版物会给它的增刊单独的不同于主刊的编号体系。大多数增刊的发行频率也不会像主刊一样具有一定的规律。因此,增刊是连续出版物采访工作中需要注意的问题之一。

第二节　连续出版物的相关编码标准

一、国际标准连续出版物号(ISSN)

国际标准连续出版物号(International Standard Serial Number,简称 ISSN)是国际通行的连续出版物代码,它以《美国国家标准识别号:连续出版物》为基础,于 1975 年被国际标准化组织制定为国际标准,标准号为 ISO 3297①。ISSN 由 8 位阿拉伯数字组成,用来代表一种连续出版物。8 位数字分为前后两段各 4 位,中间用连接号相连,格式为:ISSN XXXX-XXXX。它为不同国家、不同语言、不同机构的各种载体的连续出版物(包括期刊、报纸、专著丛编、年鉴等)的信息控制、交换和检索建立了一种标准的、简明的、唯一的识别代码体系。换言之,使用 ISSN 的目的是使世界上每一种不同题名、不同载体或不同媒介的连续性资源都有一个国际性的唯一代码标识。因此,对于同一题名的不同载体版本连续性资源要分别分配 ISSN,如印刷型的期刊、电子期刊、CD-ROM、光盘、缩微胶片等。只要不是复制品,每种版本都应有各自的 ISSN,例如《柳叶刀》(The Lancet)杂志印刷版的 ISSN 为 0140-6736,电子版的 ISSN 为 1934-6069。

ISSN 只是用来识别某一种特定的连续出版物,它并不反映出版国别、语种、发行范围,也不反映学科类别。总部设在巴黎的 ISSN 国际中心(ISSN International Centre)负责统一管理 ISSN 的相关事宜并将 ISSN 分配给设在各个国家或地区的 ISSN 国家中心(ISSN International Centre),各国家中心则负责对应管辖范围内的 ISSN 分配。在向某一种连续出版物分配 ISSN 时,各国家中心还必须给它一个有别于其他连续出版物的“识别题名”。当一种连续出版物的题名发生重要变化时,ISSN 也应随之重新分配。

ISSN 国际中心为同一种连续出版物的不同载体形式分配不同的 ISSN 的同时,还制定了关联相同资源的多载体形式的标准。2007 年,ISSN 国际标准 ISO 3297 增加了一项关于“连接 ISSN(Linking ISSN,简称 ISSN-L)”的内容。ISSN-L 即“用以关联同一种连续出版物的不同媒介版本(印刷版、在线版等,该连续出版物的不同版本都有各自的

① Black S. *Serials in Libraries:Issues and Practices* [M]. Westport:Libraries Unlimited,2006:11.

ISSN)的 ISSN"①。ISSN-L 的分配是指定的、自动的,它可以从 ISSN 国际中心网站的"ISSN-L table"中获取,也可以从"ISSN International Register"数据库中获取,多数情况下是选取同一连续出版物不同版本中最小的 ISSN。

二、连续出版物及其单篇文献的标识(SICI)

连续出版物及其单篇文献的标识(Serial Item and contribution Identifier,简称 SICI)由连续出版物行业系统咨询委员会(Serials Industry System Advisory Committee,简称 SISAC)制定,是对连续出版物及其各个组成部分进行唯一标识的代码标准②。

完整的 SICI 共分三段 11 个元素。SICI 三段分别为单册段(Item Segment)、稿件段(Contribution Segment)和控制段(Control Segment)三部分,其中单册段包括 ISSN、单册出版时间(Chronology)、单册计数标识/起始页码(Enumeration),稿件段包括定位标识(Location)、题名代码(Title Code)、本地分配的标识符(Locally Assigned Identifiers),控制段包括代码结构标识符(Code Structure Identifier,简称 CSI)、派生部分标识符(Derivative Part Identifier,简称 DPI)、媒介/格式标识符(Medium/Format Identifier,简称 MFI)、标准颁布号(Standard Version Number,简称 SVN)、校验码(Check Character)。

SICI 有三种不同的结构(Code Structure Identifier),分别对应连续出版物的单册(CSI-1,CSI 值定义为 1)、单册中的稿件(CSI-2,CSI 值定义为 2)和本地分配的标识(CSI-3,CSI 值定义为 3)三种情况。SICI 结构中的每一个元素之间用标点符号进行分割,这样可以清晰地区分

① What is ISSN-L?[EB/OL].[2015 – 06 – 10].http://www.issn.org/services/online-services/access-to-issn-l-table/.

② ANSI/NISO Z39.56—1996(R2002)Serial Item and Contribution Identifier(SICI)(Inactive)[EB/OL].[2015 – 06 – 10].http://www.niso.org/apps/group_public/project/details.php?project_id = 75.

不同元素所在的位置。示例如下：

连续出版物的单册标识 CSI-1：

1234-7679 (20150611) 12:3 <> 1.0.TX;2-P

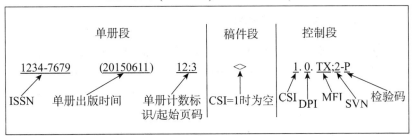

单册中的稿件标识 CSI-2：

1234-7679 (20150611) 12:3 <123:ABCDEF> 2.0.TX;2-A

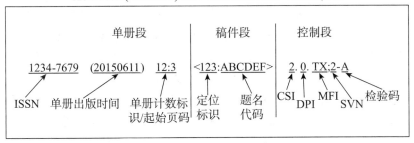

本地分配的标识 CSI-3：

1234-7679 (20150611) <::INS-023456> 3.0.CO;2-#

SICI 的应用十分广泛，它可以运用于电子数据交换、连续出版物

行业系统咨询委员会的条形码设计、Z39.50 请求、统一资源名称、电子邮件等方面。SICI 支持连续出版物各环节的管理，包括连续出版物的订购、登到、催缺、在线存取、版权管理、数据库链接和原文传递等。

三、数字对象唯一标识符(DOI)

数字对象唯一标识符(Digital Object Unique Identifier,简称 DOI),作为数字化对象的识别符,对所标识的数字对象而言,相当于人的身份证,具有唯一性。这种特性保证了在网络环境下对数字化对象的准确提取,有效地避免了重复。一个数字化对象的 DOI 一经产生就永久不变,不随其所标识的数字化对象的版权所有者或存储地址等属性的变更而改变。

DOI 的编码方案(即美国标准 ANSI/NISO Z39.84—2000)规定,一个 DOI 由两部分组成:前缀和后缀,中间用"/"分割。DOI 编码方案对前缀与后缀的字符长度没有任何限制,因此理论上,DOI 编码体系的容量是无限的。DOI 前缀由两部分组成,一个是目录代码,所有 DOI 的目录都是"10.",即所有 DOI 代码都以"10."开头。另一个是登记机构代码,任何想登记 DOI 的组织或单位都可以向国际 DOI 基金会(International DOI Foundation,简称 IDF)申请登记机构代码。登记机构代码的分配也是非常灵活的,如一个出版商可以为其所有的信息资源只申请一个前缀,也可以为其数字图书、音像制品各申请一个前缀。DOI 后缀是一个在特定前缀下唯一的后缀,由登记机构分配并确保其唯一性。后缀可以是任何字母数字码,其编码方案完全由登记机构自己来规定。后缀可以是一个机器码,或者是一个已有的规范码,如 IS-BN 号或 ISSN 号。

电子连续出版物,尤其是电子期刊数据库已成为图书馆虚拟馆藏建设的发展方向。从图书馆自身角度来说,随着馆藏电子连续出版物种类和数量的增多,各图书馆非常希望能在不同的电子连续出版物数据库之间、电子连续出版物数据库与文摘数据库或自建数据库之间实现无缝链接,从而实现图书馆电子信息资源的深层次整合。通过使用

DOI 可以帮助图书馆更加有效地实现如下功能：

①有助于实现链接的本地化,可以把中文 DOI 系统作为本地化链接方案的一部分,通过提供指向馆藏全文信息的永久性链接来增加已获得资源的可用性、丰富其在线书目及数据库资源。

②可以提供链接的扩展服务,图书馆会员可为学术研究、教育、个人的、非商业化的目的使用 DOI 及相应元数据。

③提供一个对不同文献数据库的通用管理入口。

④通过标准的方式将不同的数据库集成整合。

⑤享受高效率的单边链接协议。

⑥实现自有文献资源使用效益与覆盖范围的快速增长。

⑦实现二次文献、文摘信息及集成信息等与一次文献的无缝集成。

⑧实现中西文文献的有效链接。

第三节　连续出版物的分类

根据《乌利希全球连续出版物指南》(Ulrichsweb Global Serials Directory)①统计,全世界共有 73 万种连续出版物,其中在发行中的(Active)近 36 万种。面对如此大量的连续出版物,我们可以根据不同的标准进行划分。由于不同类型的连续出版物具有不同的特点,因此掌握连续出版物的类型及其特点十分有助于图书馆对连续出版物的评价、采选、加工以及利用等工作。

一、按出版类型分类

按出版类型分类,连续出版物主要分为期刊、报纸、年鉴、丛编、会

---

① 　Ulrichs web Global Serials Directory[EB/OL].[2015 – 06 – 11].http://ulrichsweb. serialssolutions. com/.

议录、通报、快讯、政府公报等,其中期刊和报纸则是最常见的两种连续出版物的表现形式。

二、按刊载内容分类

1. 学术类

学术类连续出版物是以学术和科研交流为目的,刊载学术论文、科技报告、实验报告等原创文献为主的出版物。根据《乌利希全球连续出版物指南》统计,目前全球在发行中的学术类连续出版物约为15万种,占在版连续出版物总量的42%。其中学术期刊为13.9万种,会议录约2600种,公告、年鉴和报告约1500种,报纸200种。由此可见,学术类连续出版物在所有类型的连续出版物中占比很大,而学术期刊则更是重中之重。学术期刊所刊载的文章通常是该期刊所涉及学科的前沿性研究成果,它是科研人员了解同行们的研究进展和本学科领域发展动态的重要信息来源,因此学术期刊的馆藏建设是图书馆馆藏建设中最重要的部分。

2. 科普类

这是一类以普及科学知识为目的的连续出版物。它们所刊载的内容通常具有层次性和多学科性,同时也具有通俗性和趣味性等特点。它们主要以青少年、学生和业余的科学技术爱好者为读者对象。许多科普性连续出版物不但具有悠久的出版历史,同时也刊载许多高质量的文章,在全世界都具有很高的影响力。例如,《科学美国人》(*Scientific American*)、《科学画报》(*Bild der Wissenschaft*)、《连线》(*Wired*)、《大众科学》(*Popular Science*)等。

3. 时事新闻类

这类连续出版物主要以报道最新信息、制造舆论、宣传报道政府政策、报道国家政治生活等内容为主。报纸是最主要的时事新闻类连续出版物,其次是由各种政党、政治团体和政府出版的期刊资源。由于时事新闻,尤其是政治类新闻和评论通常具有十分重要的政治意义,因此这一类连续出版物的出版和发行通常都会受到各国政府的高度关注,例如《中国日报》(*China Daily*)、《纽约时报》(*New York Times*)、《时代周刊》(*Time*)、《新闻周刊》(*Newsweek*)等。

随着互联网和媒体多元化的快速发展,时事新闻类连续出版物深受电视新闻、互联网新闻等多种媒体的影响。一部分此类报刊因此而消失,而仍在发行的品种也在改变出版策略,逐步向电子化、网络化发展。

4. 行业信息、资料类

有些连续出版物专门向读者提供相关行业的市场消息和公司新闻等,或者提供相关行业和领域的史料、数据等内容。例如《日本化学周刊》(*Japan Chemical Week*)、《国际燃气报告》(*International Gas Report*)、《美国联邦航空总局安全简报》(*FAA Safety Briefing*)等。

此外,还有些资料类连续出版物主要以政府和国家公布的统计数据、调查分析、有关法律、重要文件、有关决定等为刊载内容。例如《中华人民共和国国务院公报》《伦敦宪报》(*London Gazette*)、《美国研究图书馆协会统计》(*ARL Statistics*)等。

5. 文化娱乐类

文化娱乐类连续出版物主要以丰富人们的精神生活为主,以刊载文学、艺术、生活、旅游、体育等内容为主。例如《时尚》(*Vogue*)、《读者文摘》(*Reader's Digest*)、《国家地理》(*National Geographic*)、《体育画报》(*Sports Illustrated*)等。这类连续出版物所刊载的文章较为注重娱乐性、趣味性、知识性和时尚性等,它们主要面向普通社会群众,因此其发行量一般都大于其他类型的连续出版物。

三、按出版机构分类

1. 学术团体

学术团体出版的连续出版物又被通俗地称为学协会刊物,即学会、协会、科研院所编辑出版的连续出版物(通常为期刊)。这类刊物通常以刊载学协会成员、同行业科研人员的最新研究成果为主,它在一定程度上既能够体现出该学术团体的科研和学术水平又能够反映出该领域的研究和发展方向。因此,这些学、协会的刊物通常都会受到同领域科研人员的关注。

有些学术团体出版的连续出版物数量很大,例如美国电气电子工程师学会(IEEE)出版有 200 余种期刊、英国工程技术学会(IET)出版有 80 余种期刊、美国化学学会(ACS)出版有近 50 种期刊。

2. 大学出版社

大学出版社的学术期刊在内容、水平和形式上与学术团体的期刊十分相似。目前,国内外许多大学除了必须完成培养人才的任务外,还承担着大量的科研任务,因此他们出版的学术刊物一般也具有较高的水平。随着时代的发展,大学出版社的经营模式逐渐开始向商业出版社靠拢,甚至开始并购其他机构的学术期刊,有些大学出版社学术期刊的数量十分可观。例如,剑桥大学出版社(Cambridge University Press)的学术期刊有 500 余种,牛津大学出版社(Oxford University Press)的学术期刊有 390 余种。

3. 商业出版社

20 世纪 40 年代以来,伴随着全球教育科研规模的扩大,学术连续出版物数量迅猛增长。由于增量大、成本低,相对一般出版物而言具有较大的利润空间。另外,学术期刊作为交流学术经验和成果的最佳途径,各领域对学术期刊的需求量逐年增加,加之其具有不可替代性和非弹性需求的特点,众多商业出版社开始不断参与到争夺学术期刊出版的市场。大型商业期刊出版社凭借雄厚的资金实力、先进的出版水平和技术,在提升其原有商业学术期刊的权威性与质量的基础上,还兼并和购买了其他出版机构的学术期刊资源。据统计,在 SCI、SSCI 和 A&HCI 三大引文索引所收录的期刊中,近 50% 的品种属于 Elsevier、Wiley、Springer、Taylor & Francis 和 SAGE 五大出版商。

4. 报社

报社就是采集、编辑信息,并以报纸为传播媒介向一定区域的受众提供新闻信息服务的大众传播机构。报社所出版的、以刊载新闻和新闻评论为主的报纸是大众传播的重要载体。截至 2015 年 6 月,被《乌利希全球连续出版物指南》收录的报纸共计 2.2 万种。根据《中国出版年鉴 2014》统计,全国各级在版报纸共计 1915 种[①]。

近些年来,网络的发展令报纸业的竞争越来越激烈。国内外各报社为提高自身的信息竞争能力,均纷纷建立了自己的网络报纸,并且每一种网络报纸无论在信息内容的广泛性还是信息获取的灵活性方面都远远超过了印刷版。

5. 行业、企业

行业、企业的连续出版物是指由工业、商业和公共服务等企业厂商出版的连续出版物。这一类刊物主要以加强产销关系、宣传行业和企业形象以及推广企业产品为目标。仅就期刊而言,美国的此类刊物约有 1 万种,英国有 2000 余种,日本也有 1500 种以上,德国也有 1000 种之多[②]。

6. 政府机关

政府机关出版的连续出版物主要刊载政府的公报、会议录、相关法律、调查报告和相关文件等内容。例如,美国政府出版局(U. S. Government Publishing Office)主要负责出版和发行美国政府所属机构的报刊资源,英国公共信息办公室(The Office of Public Sector Information)主要负责与公共部门的信息政策及标准相关的报刊资源的出版。

在我国,各级政府部门出版的连续出版物数量并不是很多,例如,由全国人大常委会办公厅编辑出版的《中华人民共和国全国人民代表大会常务委员会公报》、由公安部编辑出版的《中华人民共和国公安部公报》、由内蒙古自治区人民政府办公厅编辑出版的《内蒙古自治区人民政府公报》等。

四、按载体类型分类

早期的连续出版物主要以印刷形式为主,随着社会的发展和科技

---

① 柳斌杰.中国出版年鉴 2014[M].北京:《中国出版年鉴》杂志社有限公司,2014:902.

② 蔡莉静,陈晓毅.图书馆期刊管理与服务[M].北京:海洋出版社,2009:13.

的进步,连续出版物的媒介和载体类型逐渐走向多元化。除印刷形式外,目前的连续出版物还有缩微胶片、磁带、光盘、在线等形式。

1. 印刷形式

印刷形式曾经是连续出版物出版中最重要的形式。自连续出版物诞生以来至 20 世纪末期,各图书馆所收藏的连续出版物绝大部分是印刷版。甚至在所有印刷形式的文献中,连续出版物也占有很大的比重,尤其是报纸。根据我国国家新闻出版总署统计,2001 年全年印刷文献用纸总量为 335. 27 万吨,其中仅报纸一项就占 64. 41%,期刊等其他连续出版物占 6. 59%[①]。但随着出版业的迅猛发展,连续出版物的出版形式逐渐从纸本向电子转移,尤其是学术期刊和报纸。目前,有些出版社已经宣布放弃出版印刷形式学术期刊的计划和日程,这一变化甚至造成了全球首屈一指的期刊代理及信息服务公司 Swets Information Services 的破产。同样,一些国际大报社也在媒介多元化的浪潮中倒闭,例如,2009 年,创刊于 1859 年的美国报纸《洛基山新闻报》(*Rocky Mountain News*) 宣布停刊;2012 年,德国的《法兰克福评论报》(*Frankfurter Rundschau*) 和《德国金融时报》(*Financial Times Deutschland*) 先后宣布破产。

2. 缩微形式

缩微形式的连续出版物是继印刷形式之后出现的载体形式。它的优点是容量大、体积小、易于长期保存。缺点是在阅读时需要使用专门的缩微品阅读设备,阅读时也不如印刷形式的文献方便、舒适。因此缩微形式的文献普及程度不高,一般多用于翻拍古旧文献和部分需要长期保存的文献。

3. 电子形式

(1)实体电子形式

实体电子形式的连续出版物主要指利用磁盘、光盘等以数字形式

---

① 富平. 中文连续出版物采访工作手册[M]. 北京:北京图书馆出版社(今国家图书馆出版社),2004:3.

存储的、通过计算机设备在本地读取使用的连续出版物。

实体电子连续出版物的产生是伴随着电子计算机技术的诞生而出现的。1946 年世界上第一台大型电子计算机在美国的问世，成为了实现信息数字化的开端，也为随之而来的电子资源奠定了基础。20 世纪 80 年代，磁盘（diskettes）的出现令电子资源进入了新的发展期。随后，光盘（CD-ROM）也成为图书馆获取软件和数据的热点载体。人们开始用它们装载连续出版物的全文。20 世纪 90 年代初期产生了许多著名期刊光盘版，如科学引文索引（SCI）的光盘版、化学文摘的光盘版 CA on CD、EI 工程索引的光盘版、IEEE 的光盘全文数据库等。

（2）在线形式

国际互联网的出现与流行是连续出版物载体发展的另一个转折点，因为它使得远程访问电子资源变得容易起来，连续出版物的互联网在线形式也应运而生。与印刷形式相比，它具有传播速度快、检索平台功能强、存取灵活、交流方便等优势，因此，目前它与印刷形式的连续出版物一并成为图书馆重要的文献资源，并有逐渐取代印刷形式的趋势。

五、按文献级别分类

根据文献的加工层次，连续出版物也可以分为一次文献、二次文献、三次文献。

1. 一次文献

一次文献是人们直接以自己的生产、科研、社会活动等实践经验为依据生产出来的文献，也常被称为原始文献（或叫一级文献），其所记载的知识、信息比较新颖、具体、详尽；一次资源是所有电子信息资源中数量最大、种类最多、所包括的新鲜内容最多、使用最广、影响最大的资源。就连续出版物而言，大多数品种都属于一次文献，例如刊载文章原文的期刊、报纸等。

2. 二次文献

二次文献又称二级次文献，是对一次文献进行加工整理后的产物,即对无序的一次文献的外部特征如题名、作者、出处等进行著录,或将其内容压缩成简介、提要或文摘,并按照一定的学科或专业加以有序化而形成的文献形式,如目录、文摘杂志(包括简介式检索刊物)等。它们都可用作文献检索工具,能比较全面、系统地反映某个学科、专业或专题在一定时空范围内的文献线索,是积累、报道和检索文献资料的有效手段。对于连续出版物而言,二次文献主要包括文摘刊物、索引类刊物、目录类刊物等,例如《化学文摘》(*Chemical Abstract*)、工程索引(*EI*)、《科学技术文献速报》、《中文科技资料目录》等。

3. 三次文献

三次文献也称三级文献,是选用大量有关的文献,经过综合、分析、研究而编写出来的文献。它通常是围绕某个专题,利用二次文献检索搜集大量相关文献,对其内容进行深度加工而成。是对现有成果评论、综述并预测其发展趋势的文献。这类文献主要有综述、述评、进展、动态等。在文献调研中,人们可以充分利用这类文献,在短时间内了解所研究课题的研究历史、发展动态、水平等,以便能更准确地掌握课题的技术背景。对于连续出版物而言,三次文献可以是报刊中的综述、评论、进展、调研报告等文章,也可以是专门刊载此类文章的连续出版物,例如《政府雇员关系报告》(*Government Employee Relations Report*)、《伦敦书评》(*London Review of Books*)、《中国图书馆年鉴》等。

连续出版物的不同分类标准是以各连续出版物自身的不同特点为依据的,而这些特点都是相对而言的,我们既不能完全按照同一个标准将所有的连续出版物一一区分开来,又不能将所有的分类形式一一列举出来。本节之所以介绍以上几种常见的连续出版物类型,主要是为了从各种角度认识连续出版物,更好地帮助图书馆采访人员做好连续出版物的评价、采选、加工等工作。

第四节　连续出版物的特点与作用

连续出版物作为信息的载体是图书馆馆藏中最重要的文献类型之一,甚至可以把它称为图书馆馆藏的物质基础。由于内容新颖、涉及领域广、学术成果报道迅速及时、出版数量大,连续出版物在社会活动、科学研究、学术交流、信息知识传递等方面起到了非常大的作用。具体而言,连续出版物具有以下特点和作用:

一、连出版物的特点

1. 连续性

从连续出版物的定义可以看出,连续性是所有连续出版物的共性,这一点在报纸和期刊上表现得尤为突出。在创刊时,各种报刊都是计划无限期出版下去的。例如,创刊于 1665 年的《哲学学报》(*Philosophical Transactions*,由英国皇家学会出版。因为学科研究的扩大和细化,1886 年它被分为 *Philosophical Transactions A* 和 *Philosophical Transactions B*)至今已出版了 350 多年,是目前世界上出版年限最长的科技期刊;著名的医学期刊《柳叶刀》(*The Lancet*)创刊于 1823 年,至今也已有 190 余年。

2. 规律性

所谓规律性是指连续出版物大都具有固定的出版周期,即出版频率。以报纸和期刊为例,定期发行的报纸可以分为日报(包括晨报、晚报等)、周报、旬报、月报等,期刊也分为周刊、旬刊、月刊、双月刊、季刊、年刊等。当然,也有一部分连续出版物的出版周期受稿源、人力、行业等各种因素的影响而无法固定(Irregular),这种情况多以专著丛编、报告、会议录、目录等类型为主。

3. 专业性

连续出版物通常都围绕一个或几个领域、主题或学科展开,具有较强的专业和行业特色,因此连续出版物的受众群体相对是明确的。尤其是学术期刊,当某一学科领域的研究人员需要了解行业最新动态或查找所需资料时,通常都会以本专业内最著名的期刊作为目标,例如化学相关领域的研究人员通常认为《化学文摘》(*Chemical Abstract*)、美国化学学会(ACS)出版的期刊等是行业内十分重要的参考源,医学相应领域研究人员则通常认为《柳叶刀》(*The Lancet*)、《新英格兰医学杂志》(*The New England Journal of Medicine*)等是行业内十分重要的参考源。

4. 内容新颖性、先进性

连续出版物所刊载的内容大多都是所涉猎领域最新的新闻、情报、研究成果、研究进展等,是科学、生产、生活等各方面的重要信息源。以学术期刊为例,它们的稿件录用标准通常将论文的创新性放在首位,学术期刊也因此成为各领域科研人员了解最新科技发展动态的重要窗口资源。例如著名的《科学》(*Science*)杂志,它就以帮助世界各地的科技工作者更多地了解今后最重要的科技发展趋势、最新的科学仪器和技术为己任,稿件录用时优先考虑内容新颖、具有跨学科意义的文章①。

5. 时效性

连续出版物通常都能够快速而及时地将最新的信息传递给用户,这不仅是因为其内容具有新颖性和先进性,同时还因为它在选材、报道和出版等各环节上具有较高的效率。通常,连续出版物的出版周期要比专著等出版物的出版周期短很多,因此它能够迅速地发表最新的社会问题研究报道、最新的科研成果,并允许用户在这一平台上讨论各种不成熟的、非结论性的科学探索和发现。

---

① About Science & AAAS [EB/OL]. [2015 – 06 – 18]. http://www. sciencemag. org/site/help/about/about. xhtml.

二、连续出版物的作用

如今,全球出版的连续出版物已经高达几十万种,它们在政治、经济、文化以及科学技术等领域中都发挥着重要的作用。由于各种连续出版物所刊载的内容、所处的时代及其定位的受众均有所不同,所以各种连续出版物在社会中所起的作用也不尽相同。

1. 传播媒介的作用

作为一种信息传播的媒介,连续出版物以其时效性强、内容新颖、传播面广、信息量大等优势向人们提供了准确、实用、高效的信息。由于不同的连续出版物涉及不同的领域,因此它们向人们传播的信息是多方面的,包括政治、经济、社会文化、政府政党的法令决议、各行各业最新动态、科学研究成果等。

2. 学术交流的作用

连续出版物的学术交流作用主要是指学术型连续出版物在科学领域所发挥的作用。学术型连续出版物不仅能够为各领域提供多种多样的研究成果、事实、数据、理论、技术、思想、自然规律等宝贵资料,还能够为科研人员提供讨论和交流的平台。科研人员不仅通过连续出版物可以快速地向同行展示自己的最新成果和心得,还可以了解业内其他同行的学术进展和水平。此外,连续出版物中的学术资料还可以辅助有志于某一领域的人员开阔视野、增长知识、提高科研能力。

3. 舆论宣传与引导的作用

连续出版物中有很大一部分属于时事新闻类的出版物,这一类型又以报刊为主。它们所刊载的内容会紧密结合社会形势,部分由政府机关出版的报刊更带有鲜明的政治观点,既是制造和引导舆论的重要武器又是宣传政治观点的重要阵地。

4. 保存知识与文化的作用

连续出版物除了具有传递信息的作用外,它还是保存人类知识和文化的重要工具。无论是以科研成果、科学发展动态为内容的学术型连续出版物还是以记录社会、经济、文化和事件的时事新闻类连续出版物,它们都是当时社会各领域、各方面状况的真实记录。这些资源在保存人类知识和文化上的作用是不可或缺的。

5. 社会教育的作用

由于连续出版物种类繁多、内容广泛、题材多样,因此它们能够满足社会上不同群体的各种需求。例如科普类期刊,此类期刊在普及科学知识、提高受众的科学文化素质、培养人们对科学的兴趣方面都起着不可估量的作用。此外,还有一些连续出版物的发行目的本身就是为了指导自学、配合社会教育的。因此,连续出版物是社会教育的良好教材,其社会教育功能是十分显著的。

6. 娱乐消遣的作用

在众多连续出版物中,有一类是专门刊载休闲类内容的刊物。它们注重刊载内容的娱乐性、时尚性、文化性、通俗性、知识普及性等,以反映社会热点、丰富人们的精神生活、普及生活常识、提高生活质量为出版宗旨。世界各地出版的这类连续出版物的数量也相当可观,它们在陶冶受众情操、满足受众精神需求、增长受众的社会知识方面起到了十分重要的作用。

第二章　连续出版物的产生与发展

　　一般认为,连续出版物源于社会活动信息及其需求之间一致的连续属性,正是这一信息交流的需要促使了连续出版物的产生。连续出版物作为各文献类型中最活跃的载体形式,无论在起源、形成还是发展的阶段,都与社会的发展息息相关。在自身不停地发展和演变过程中,连续出版物也反映了社会各方面活动的连续性变化。

第一节　连续出版物的产生与发展

　　目前的连续出版物主要有报纸、期刊、年鉴和汇编等,其中报纸和期刊是最常见的连续出版物形式。普遍认为,报纸是世界上最早出现的连续出版物形式,期刊是在报纸的基础上演变而来的,年鉴和汇编等形式的出现则要更晚一些。

一、报纸的产生与发展

　　报纸从诞生到今天,大致经历了早期报纸、近代报纸、现代报纸、电子报纸四个重要的发展阶段。

　　1. 早期报纸

　　目前学术界公认的外文报纸的雏形,是公元前 59 年,创立于罗马的《每日纪闻》(*Acta Diurna*)[1][2]。《每日纪闻》是古罗马,也是世界上

---

① 杨华青.《每日纪闻》文化史述略[J]. 新闻研究导刊,2015(11):181 - 182.

② 姚福申. 最古老的报刊[J]. 新闻大学,1985(10):125.

最早的公告式官方公报,产生于公元前 59 年,延续到公元 330 年。公元前 59 年,尤利乌斯·恺撒(Gaius Julius Caesar)执政古罗马,为争取舆论支持,扩大政治影响,下令创设《每日纪闻》,当时称为"阿库塔·迪乌鲁那"或"阿库塔·塞纳托斯"。《每日纪闻》是一种手抄布告,公布于罗马和各行省的公共场所,内容为公民投票、官吏任命、政府命令、条约、战争和宗教新闻等。最早的《每日纪闻》,主要记录政令军情、元老院的会议和决策等,后来内容不断增加,除了军政信息,还收录如司法、税收、宗教祭祀、贵族婚丧嫁娶、娱乐消息等社会新闻和经济新闻类消息。起初《每日纪闻》是用尖笔写在一种涂了石膏的特制木牌上,由两个人抬着放置在公共场所,成为公众的阅报栏。随着罗马版图的扩张和交通设施的完善,有人专门从事《每日纪闻》的抄录,将内容写在布匹上,通过各种交通工具,将抄件带到各个行省的首府,并在那里翻译成各种语言,再通过公告栏的形式发布给民众。公元330 年古罗马迁都君士坦丁堡,《每日纪闻》也随之消亡。

早期报纸以《每日纪闻》为主要代表,多是公告式的政府公报,靠手抄方式传播。因为交通条件受限,所以信息传播缓慢,受众范围很小。

2. 近代报纸

报纸发展到 15、16 世纪,手抄小报和新闻书陆续出现,这是近代报纸的雏形。随着印刷术的发明,报纸改为印刷传播,出版频率逐渐稳定。原来的手抄小报逐步开始通过印刷的方式定期出版,近代报刊就随之产生了。

15 世纪,手抄小报最早出现在意大利的威尼斯。这是报纸发展的重要阶段,这种手抄小报产生于资本主义萌芽时期,为资产阶级提供市场信息,内容主要以商品行情、船期和交通信息为主,间或也报道政局变化、战争消息和灾祸事件。16 世纪,威尼斯的手抄小报已相当兴盛,后来这种小报流传到罗马以及欧洲各国,称为威尼斯小报(*Venice Gazette*)。而"小报(*Gazette*)"一词也就成为欧洲各国早期报纸的名称。

16 世纪,意大利的其他城市以及英、法、德等国都相继发行手抄小报。有些大的商行或银行,在总行与分支机构之间常有互通消息的信件,主要供业务参考,也会有选择地摘抄一些信息销售给大众阅读。英国的"新闻信",法国的"手抄新闻",还有德国的富格尔贸易所手抄小报"富格尔商业通讯"都很有代表性。

手抄小报流行的同时,西欧等地陆续出现了一些不定期的新闻印刷品,内容常为某些重大事件的报道。多为书本形式,被称为新闻书(Newsbook),也有单页的新闻传单(Newssheet),通常在书店、集市或街头出售。

进入 17 世纪,印刷技术被广泛应用于报纸业,特别是印刷机的使用。"印刷机最有意义的贡献莫过于生产了报纸……至少可以说,报纸是印刷机最新奇的产品"[1]。这个时期的报纸和杂志形式内容和功能都没有明显的区分,通常笼统的称为"报刊"。在当时,报刊是宣传资产阶级民主思想、推动革命的重要宣传方式。17 世纪到 19 世纪中叶,相当多的报纸都从属于各个政党或派别,为各自的利益做宣传。资本主义报纸也自此成为西方近代报刊的主体。

1609 年在德国创刊的周报《艾维苏事务报》是世界上最早定期出版的报纸。1650 年,德国莱比锡出现的《新到新闻》是世界第一日报。报纸的英文"Newspaper"一词最早出现于 1665 年创刊于英国的《牛津公报》(*Oxford Gazetee*)上。18 世纪,报纸和期刊开始区分开来,日报得到普及。

3. 现代报纸

19 世纪末到 20 世纪初,资本主义发展达到顶峰,报纸的发行量直线上升。资产阶级报纸分化为面向高层人士的"高级报纸"和迎合下层民众口味、价格低廉的"廉价报纸"。读者范围由贵族和资产阶级等上层人士,扩大到普通民众阶层,报纸开始走向大众化阶段。随着工

---

① 埃默里.美国新闻史:报业与政治.经济和社会潮流的关系[M].苏金琥,译.北京:新华出版社,1982:5.

业革命的兴起,工人阶级队伍越来越壮大。在与资产阶级的斗争中,无产阶级也深深感受到了群众宣传和扩大同盟军的必要。于是工人报纸、无产阶级组织的机关报便应运而生。无产阶级报刊的发展经历了工人报刊、无产阶级政治报刊、无产阶级政党报刊三个阶段。作为阶级的宣传工具,无产阶级报刊在教育群众、鼓动群众等方面发挥了巨大力量,极大地促进了工人运动的发展。

19 世纪末以后,西方主要国家的报纸逐渐向商业化、社会化、垄断化发展。这种演变标志着近代报业演变为现代报业。目前,数字技术所带来的颠覆性变化,给传统的报纸带来了危机,也给报纸的发展开辟了新的方向。2014 年,在意大利都灵举办的第 66 届世界报业大会向我们传递了目前世界报业发展的七大趋势:危机持续之势、新闻编辑室不断转型趋势、付费发展趋势、移动发展趋势、融合发展趋势、合作发展趋势和创新发展趋势①。报纸的创新发展将给人们的学习和生活带来全新的内容和视觉享受。

4. 电子报纸

新媒体的迅速发展、各大报纸的数字化转型促使报纸进入了网络化时代,电子报纸成为人们获取时事信息的有力途径。

目前对于电子报纸的定义,说法不一。从广义上讲,电子报纸是指任何利用电子技术传输的以文字为主的新闻报道。而从狭义上讲,电子报纸是指将多媒体技术、网络技术和通信技术应用到报纸的出版、发行和利用的全过程的报纸。

无论以何种形式定义的电子报纸,电子报纸必须具备以下条件:一是作为报纸的一种,必须具备报纸的基本特征,即以连续出版的形式刊载新闻和时事评论,面向公众定期发行,起到反映和引导社会公众的作用;二是作为电子资源的一种,在存储方式、发行模式和读取设备上,要通过计算机等电子设备存储和获取,通过网络来实现传播发行。

---

① 张宸. 世界报业发展的七大趋势[J]. 新闻与写作,2014(8):28 – 31.

近些年来,网络的发展令报纸业的竞争越来越激烈。国内外各报社为提高自身的信息竞争能力,纷纷建立了自己的网络报纸,并且每一种电子报纸无论在信息内容的广泛性还是信息获取的灵活性方面都远远超过了印刷版。部分出版商通过收购或授权的方式将数百种甚至上千种电子报纸搜罗旗下,并配置了功能强大的检索和查询系统,建立了专门的电子报纸全文数据库产品。电子报纸的服务方式更加贴近用户的生活需求,它可以根据受众的需求设计不同主题的相关内容,不但节省了反复翻阅的麻烦和过滤信息的时间,也不容易遗漏相关的信息。此外,电子报纸的制作与发行成本远低于印刷型报纸,那些限于报纸版面篇幅、无法长期刊载的文章,或是较为小众的信息内容,都可以通过电子报纸的渠道发行。

但对学术性图书馆而言,电子报纸真正的价值并不在于提供眼前需求的生活资讯,反而是回溯历年累积的报纸内容,提供学术研究者针对某一主题找寻相关的新闻性信息。目前国外的主要报纸数据库有 NewsBank 公司的 Access World News,拥有世界各地 6000 余种报纸的电子版全文;NewspaperDirect 公司的 Library PressDisplay,约有来自全球 74 个国家的 1000 种电子报纸;EBSCO 出版公司的 Newspaper Source,包含约 400 种美国和国际上的报纸。

二、期刊的产生与发展

1. 期刊的产生

早期的期刊和报纸没有明显的区分。在期刊以独立的文献形式出现以前,科学技术信息的探讨和交流主要靠会晤、书籍和信函。书籍的出版周期长,而信函通过刻印或复写,在相关工作人员之间传阅,交流面相对窄小。随着资本主义的出现,生产力迅速发展,现存的交流方式远远不能满足科技交流的迫切需求。17 世纪中叶,期刊从报纸中分离出来。于是,在科技先进的欧洲,出现了世界上最早的两种期刊,即《学者杂志》(*Journal des Scavans*)和《哲学学报》(*Philosophical Transactions*)。

1665 年 1 月 5 日,在法国高级官员科尔贝的支持下,法国议院参事戴·萨罗律师(Denys de Sallo)在巴黎创办了《学者杂志》。该刊被公认为世界上第一份真正意义的期刊。期刊(Journal)一词首次在刊名中出现,这是期刊作为一种独立的文献形式出现的重要标志。从内容上看,该刊兼顾了文学和科学,主要报道法国及其他国家的新书出版动态,包括新书目次和文摘,同时也发表科学实验和气象观测记录数据等。从评审机制看,该刊拥有世界上第一个由科学家组成的编委会,以协助编辑评审稿件,并形成了期刊同行评审体制的雏形。令人惋惜的是,该刊创办不久,就因为干涉法律与神学事务而被查禁。

1665 年 3 月 6 日,英国皇家学会秘书亨利·奥尔登伯格(Henry Oldenburg)在伦敦创办了《哲学学报》。1776 年后改为《英国皇家学会会刊》(*Philosophical Transactions of the Royal Society*);1887 年,又分为 A 和 B 两个版本;1996 年改为《皇家学会哲学会刊 A:数学、物理学和机械科学》和《皇家学会哲学会刊 B:生物科学》。该刊主要刊载欧洲各国自然科学家的发现成果和观察成就,频率为季刊。直到今天,该刊还在出版,300 多年的历史使它成为世界上连续办刊时间最长的科技期刊。

2. 期刊的发展

继《学者杂志》《哲学学报》之后,很多具有代表性的期刊不断涌现。18 世纪初,英国出现了 3 种影响较大的随笔期刊:《评论》(*Review*,1704 - 1713)、《闲谈者》(*The Tatler*,1709 - 1711)和《旁观者》(*The Spectator*,1711 - 1712,1714)。随笔期刊的题材广泛,不仅写人物,也写社会事件,写人们生活的各个方面,登载的文章文笔潇洒活泼,作者的个性因素体现明显。随后,法国、瑞士和俄罗斯相继出现类似期刊。

1731 年,英国出版商爱德华·凯夫(Edward Cave)创办《绅士杂志》(*The Gentleman's Magazine*,1731 - 1914),首次在刊名中使用杂志"magazine"一词,它被誉为第一本现代意义的杂志。该杂志刊载内容丰富,涉及文艺、科学和新闻等多个领域。《绅士杂志》是英国第一份综合性月刊,也是英国出版发行史上延续最久的期刊。

19 世纪,期刊有了长足的发展。据不完全统计,1800 年世界上只有 100 种期刊,1830 年是 500 种,1850 年是 1700 种[①]。创办于 1888 年的美国《国家地理杂志》是目前世界上发行量最大的人文地理期刊。该刊知识性强,刊载内容引人入胜,刊物发行量大。另外,1843 年创办于英国的《经济学家》,是英国非常权威的大型综合性周刊。随着期刊数量的增多,文摘类期刊被越来越多的读者接受。早期的文摘类期刊有德国的《化学文摘》(Chemisches Zentralblatt)、美国的《化学文摘》(Chemical Abstracts)、《工程索引》(Engineering Index)、《科学文摘》(Science Abstracts)等。

进入 20 世纪,期刊业进入繁荣时期,增速很快。20 世纪初,全世界有 5000 种期刊,到 20 世纪中叶,该数字已猛增到 35 000 种[②]。目前,根据《乌利希全球连续出版物指南》(Ulrichsweb Global Serials Directory)统计,全世界共有 73 万种连续出版物,其中仅学术期刊就有 13.9 万种。从统计数据看,在数量增加的同时,期刊的出版周期缩短、频率增大现象也很明显。期刊出版迅速,频率稳定,与科技的发展紧密相随,很快就占据了科技文献的统治地位。

在信息科技更新频繁、传播媒介日益创新、内部竞争激烈的背景下,期刊的发展也表现出自身的特点。

从内容上看,相当多的期刊不再追求普遍意义上的大众化,而是通过细分市场、细化专业,按照不同读者群的需求编辑出版。从种类上看,期刊品种的更迭频繁,期刊的创刊、停刊、改名、并入它刊、转国(或转出版社)出版等现象普遍存在。从出版印刷看,新传播媒介的出现,使期刊出版逐步转向数字化,出版方式由纯纸质转向纸电并存。从区域分布看,期刊出版的核心区域仍然集中在欧美等发达国家,英语是主流出版语言。从市场看,出版和销售都呈现国际化。从权益保

---

①②　蔡莉静,陈晓毅.图书馆期刊管理与服务[M].北京:海洋出版社,2009:25.

护看,出版的数字化为文献的获取和传播带来了根本性变革,相应的版权立法保护了著作者的合法权益和创作的积极性,对科技创新有着重要影响。

3. 电子期刊

期刊载体形态经过若干年的发展,已不再限于单一的印本期刊,电子期刊、数据库以及原生网络期刊逐渐形成规模。与印本期刊相比,它具有传播速度快、检索平台功能强、存取灵活、交流方便等优势,因此与印本期刊一并成为图书馆重要的文献资源,并有逐渐取代印本期刊的趋势。目前,出版界开始流行"按需出版"(Print on Demand),即出版商主要出售电子版期刊或网络期刊,只有在客户需要的时候才印刷纸本期刊。它将期刊的出版发行从印刷型为主转向了电子版,同时电子版也经历了从 CD-ROM 到 DVD,再到互联网的过程,服务模式也从单机、联机再到万维网的模式发展。

目前,电子期刊根据其出版形式大致可以分为两种,即印本期刊附属电子版和原生电子期刊。而汇总目前的出版模式,一般有三种,即商业期刊(由营利性出版机构操作)、非营利期刊(多由学术出版机构操作)、开放获取期刊(OA 期刊)。商业期刊和非营利期刊的出版由来已久,而新诞生的开放获取期刊近年来逐渐地受到了全球出版界、学术界以及图书馆界的广泛关注,同时也成为学术交流和科学研究领域的一大热点。它的出现也曾引发过一场新旧出版模式的斗争①。

受这些变化的影响,期刊采购模式也已不再限于纸本期刊的购买,它不仅要面对纸本期刊出版市场的变化,而且还要面对电子资源出版市场的发展,这也引发了图书馆和出版商之间马拉松式的博弈。在这场博弈中,商业出版商充分体现出了他们"内容为王"的优势,于是期刊采购模式便有了从"纯纸本→纸本 + 免费网络版→纸本 + 附加

---

① Suber P. What is Open Access? An Overview[EB/OL].[2015 - 06 - 30]. http://www.sspnet.org/documents/130_Suber.pdf.

一定费用的网络版→按回溯卷期定价的纯网络版→分级定价的网络版和针对各个订阅户定价的网络版"的演变。

对于电子期刊相对印本期刊的优缺点,图书馆不乏电子期刊评价与使用调查的相关实证研究文献,调查者意见多半支持电子期刊的使用,但并不支持停订已提供电子版的纸本期刊,理工学科科研人员比人文学科科研人员更加支持电子期刊的发展。

电子期刊虽然有许多优点,但相对高校和科研机构图书馆而言,国家图书馆和公共图书馆由于读者类型的不同、服务方式的差异,在电子期刊的使用上还存在着使用率相对较低、使用成本高等问题[①]。即使在高校图书馆对电子期刊的需求和使用量相对较高的情况下,由于各种电子期刊数据库内容存在重复性,收录期刊品种存在不稳定性,大型学术期刊出版商存在垄断行为,且不易长期保存,所以在图书馆电子期刊采访工作中要遵守目标性、互补性、满足需求、重点保障和成本效益等基本原则,协调与印本期刊的关系[②]。

台湾大学医学图书馆电子期刊使用的一项调查发现[③],虽然医学研究人员使用电子期刊比率高于纸本期刊,然而他们使用的电子期刊只是集中在其中20%的期刊上,这也充分说明了出版商对电子期刊捆绑销售造成图书馆期刊采选处于被动状态的问题。

因此,目前国内外电子期刊用户的使用行为,多数是将电子期刊视为比纸本期刊更容易获取的替代品,尚无法完全以电子期刊取代纸本期刊,目前两者是并行发展、互补不足。

①　陈力. 纸本期刊与电子期刊:国家图书馆与公共图书馆的两难选择[J]. 中国图书馆学报,2003(6):9 – 13.

②　李咏梅,袁学良. 论电子资源与纸本资源的协调发展[J]. 中国图书馆学报,2009(4):51 – 57.

③　林愉珊,张慧铢. 期刊使用率调查暨电子期刊馆藏发展之探讨:以台大医图为例[J]. 大学图书馆(台湾),2001,5(1):84 – 85.

三、年鉴的产生与发展

年鉴是按年编撰出版的参考性工具书,以汇集一年之内的新闻、事件、数据和统计资料为主要内容,大体可分为综合性年鉴和专业性年鉴两大类,前者如百科年鉴、统计年鉴等;后者如经济年鉴、历史年鉴、文艺年鉴、出版年鉴等。年鉴具有信息密集、连续出版、材料准确和内容新颖等特点。

年鉴的编纂始于欧洲。英国哲学家罗杰·培根(Roger Bacon)在其1267年出版的《大著作》(*Great Works*)中已使用外国年鉴中有关天体运动的材料,这说明至少在13世纪中叶欧洲已有类似年鉴的出版物[①]。西方比较有代表性的早期年鉴主要有1732年由美国文学家富兰克林(Benjamin Franklin)主编的,以历书的方式,描绘关于生活、理财和致富箴言的《穷人理查年鉴》(*Poor Richard's Almanack*)[②];1868年由《纽约世界报》(*The World*)出版的,统计美国的文教、生活等多个方面资料的《世界年鉴》(*The world almanac and book of facts*)。另外,早期年鉴还有《咨询年鉴》(*Information Please Almanac*)、《惠特克年鉴》(*Whitaker's Almanach*)和《政治家年鉴》(*Statesman's Yearbook*)等。

总体来说,西方年鉴出现于中世纪,发展于16至17世纪,并于18世纪早期向现代年鉴转变,18世纪中后期起逐渐定型。从国家和地区来说,它们的发展始终随着西方文明中心的转移而前进,最初起源于欧洲古罗马、古希腊,发展于英、美。从用词上来说,使用最多用于表示年鉴的词主要有"Yearbook""Almanac""Annual"。"Yearbook"使用较多,一般用于经济年鉴、历史年鉴等既有文字叙述,又有统计资料的

---

① 吕建辉. 年鉴的价值及其编辑[J]. 中国科技期刊研究,2007(4):576 – 579.

② 1732年至1758年,富兰克林以虚构的理查·桑德斯为名发表了一系列年鉴,引起费城居民的极大兴趣,广受欢迎。全书以历书的方式,以穷智者(因此叫穷理查)的口吻描绘了关于生活、理财和致富的西方智慧箴言。

类型;"Almanac"一般用于统计资料居多的年鉴类型;"Annual"一般用于文字叙述为主的年鉴类型。尽管年鉴编纂方式各有侧重,但现在称谓区分并不严格。

第二节　连续出版物的出版与发行

外文连续出版物,特别是欧美等西方发达国家连续出版物的出版,在经历了数百年的发展后,已经形成了比较规范的出版发行运作模式。特别是 20 世纪以来,数字技术的飞速发展,使出版物的出版发行呈现出新的发展趋势。

一、连续出版物的出版管理机制

无论社会制度如何,出版业发达国家的出版社和书商多是市场化的运作模式。然而,通常各国政府都会对涉及意识形态问题的出版业实施政策性的宏观管理,主要包括法律、法规的制定和监督实施以及经济政策方面的扶持和约束。由于各国的历史国情、人文背景都存在不同程度的差异,政府干预的程度也有所不同。另外,国外发达的出版发行机构自身的行业准则意识都很强,书商协会或出版协会在出版管理中占有重要的地位。

1. 法律管理

对出版业进行立法管理是国家对出版自由的有效保护,也是国家限制出版自由被滥用的有效手段。虽然各国对于连续出版物的出版没有独立的立法管理,但是作为文献出版的一部分,完善的法律体系已经涵盖了连续出版物出版的方方面面。

由于历史国情以及社会制度的不同,各国关于出版业的法律、法规也各成体系。但是,各国的法律、法规对出版内容都有明确的限制,其目的有二:一是要保护本国的国家社会利益,禁止出版破坏本国宪法、泄露国家机密、损害国家利益的出版物;二是要保障公民与组织的权益,禁止出版色情、淫秽、暴力、有害于青少年健康成长的出版物,禁止出版诽谤他人名誉的出版物等。

总体而言,与出版相关的法律主要有三种类型。

(1)专门的出版法

专门出版法的内容一般涉及出版物的出版程序、限制范围,作者、出版者、印刷者、发行者的资格或者责任,管理的权限、方法、程序等内容。现代出版法制主要分为追惩制和预防制两种。出版法被认为是因出版自由而存在的法律形式,由于不同社会、不同阶级对出版自由有不同的理解和要求,因此就会有不同类型的出版法出现。

(2)与出版相关的法律法规

有些法律、法规中会有涉及与出版相关的内容,这些内容一般会包含与出版发行各环节相关的条文。如各国的宪法、刑法等法律中与出版相关的法律条文。

(3)版权法

版权法的制定是为了保护文学、艺术和科学作品作者的著作权,以及与之相关的各种权益。各国因政治制度、经济发展水平、文化传统观念不同,版权立法的原则和对作者保护水平亦不相同,但版权法包含的内容大体相似。一般包含版权的主体(可以享受版权的个人和法人)、版权的客体(可以给予版权的作品)、版权的内容(作者对其作品享有的权利)、版权的归属、版权的保护期、版权的继承、版权的许可使用或转让、权利的限制、法律责任和执法措施等多方面内容①。

西方多数国家的出版体制都是以法制化为主要特征。健全的法律体系,是出版业自由发展的必要保障,也是维持国家文化产业健康秩序的重要约束力。

2. 经济政策管理

出版业作为文化产业的重要组成部分,对国家的教育事业、国民

① 中华人民共和国著作权法[EB/OL].[2016 - 01 - 12].http://www.law-lib.com/law/law_view.asp? id = 310803.

素质的提高以及国民意识形态的引导意义重大。为有效调控出版业在理想的轨道上发展,经济政策的倾斜和扶持显得尤为重要。从政策内容看,这种倾斜和扶持主要分税收和资助两个方面。

税收方面,主要是减免对出版企业和出版物的征税。各国纳税规定各有不同,英、法、德三国在对出版业的税收方面,优惠很大。英国免收图书、期刊、报纸的增值税,法国《普通税法》等法律明文规定,减免新闻出版业的营业税、行业税、办公税、增值税等,德国出版物征税享受同食物一样的税率优惠。

在出版物的国际贸易领域,对本国出版物的出口税方面,各国基本保持一致的态度,即免除出口出版物的各种征税,鼓励文化输出,发展本国出版业,投入国际市场,同时为国家带来经济利益。在进口税方面,则截然相反。大部分的国家还是本着保护本国本民族文化的心态,对进口出版物层层设限。据统计,世贸组织一百多个成员中,有94个国家对出版业设置贸易壁垒,只有29个国家做出了有条件放开出版的承诺。进口出版物的税率一般较高,内容品种也被严格规定①。

在财政资助和补贴方面,政府资助的对象多是非营利性的出版机构和科教文卫领域的出版物。政府通过基金会、直接拨款或协调银行信贷等方式来完成对出版业的资金注入。

3. 行业自律管理

出版业的行业自律是出版协会的重要职能。出版业发达国家的行业协会经过了上百年的发展,已经具有成熟的管理运作模式。它们多采用公司化管理,不受政府干预,独立性、自治性强。这些出版协会多具有专业化、规范化和权威性等特点,对一个国家出版业的发展起着举足轻重的作用。

从组织结构看,出版协会一般分为四个层次:协会的最高权力机构,如会员议会;具体的决策机构,如理事会、专业咨询委员会;日常办

---

①　戴磊.西方主要国家对出版业的宏观管理[D].北京:中国人民大学,2005:21.

事机构;会员。经费来源主要有会费、服务费、接收捐赠、政府资助等。

按构成要素性质看,出版协会的类型可分为出版商协会,书商协会,杂志或期刊、报纸协会等。出版商协会主要由出版商组成。协会的关注点主要在于出版物的编辑出版环节。例如,1896 年成立的国际出版商协会(International Publishers Association),由来自 66 个国家的 78 个出版商协会组成。书商协会主要由图书销售商组成,其主要关注点是图书的发行和销售。例如,1956 年在法兰克福成立的国际书商联合会目前已有 20 个会员国,该联合会每年举行一次全体会议、召开一次国际青年书商大会,并出版《国际书商通报》《图书、图书贸易与社会》《书商国际》等刊物。杂志或期刊协会主要由杂志出版商组成。报纸协会主要由报纸出版商组成。

世界上出版协会种类很多,涉及图书出版的各个环节。除了上述种类,还有如近年来很热的电子出版协会,主要关注电子出版的发展与交流,对促进电子出版领域的实际性业务起了重要作用。

从职能看,出版协会兼具行业自律、行业服务、行业代表以及行业管理等多项职能。行业自律职能为出版业的健康稳定提供了行为规范和道德的准则。协会根据国家法律法规和社会大环境,规划行业发展,制定行业准则,约束业内成员行为,权威性高,成员必须遵守。协会的领导成员多是出版专家出身,专业性强。由他们制定的规范更贴合行业实际情况,可操作性强,能有效防止恶性竞争、盗版等现象。

良好的出版管理机制的形成,离不开国家政策性的宏观调控以及资金、技术等方面的支持。此外,行业本身自律体系的完善也至关重要,只有内外兼修,形成一个走向明朗、体制健康的管理体系,才能推动出版业的均衡全面发展,进一步对国家的文化教育事业起到良好的积极作用。

二、连续出版物的出版特点

信息科技的发展、市场的新诉求等因素为连续出版物的出版带来了新的要求。近几年,连续出版物的出版凸现许多新的发展态势,总的来说,全球化、细分化、专业化、数字化和法制化是连续出版物出版的明显特点。

1. 全球化

出版的全球化主要表现在编辑、印刷出版和销售的全球化。当前的出版行业竞争十分激烈,资金雄厚的出版集团为获取更多的利润,不断兼并重组,以便拓展国际市场。

编辑的全球化主要是指许多优秀连续出版物的编委会成员可能来自世界各地,稿件的编辑和评审也都由国际著名专家完成。同时,很多知名的连续出版物发行量大,出版周期短,影响范围广,因此得到越来越多的关注,形成了良性循环。

印刷出版的全球化主要是指连续出版物的出版地点不再局限于某一国家或是某一地区。只要得到许可,连续出版物就可以在几个国家或地区同时印刷出版。这与出版集团跨国兼并、重组,编辑与出版相分离的运作模式分不开。

销售的全球化是指市场的国际化。出版物贸易在各国的进出口贸易中占有重要的地位。贸易品种包括各类出版物、版权贸易和各种形式的合作出版等。出版物贸易不仅能够为本国带来经济利益,还能起到文化交流的作用,因此受到各国政府和人民的尊重。

2. 细分化和专业化

出版社利用专业化的市场细分理论深度挖掘读者需求的相似性,从而将综合学科和交叉性学科内容的出版物按学科细分化,尤其是学术期刊类别的划分,越来越趋于专业化、精细化。目前,各国学术期刊的品种拆分现象日益增加。例如,美国电气电子工程师学会(IEEE)和英国工程技术学会(IET)出版的学术期刊数量已增加到近300多种;英国机械工程师学会(IMechE)的会刊也已从1947年创刊时的4个分辑,分裂成了现在的16个分辑。通过专业化的细分,出版社比较容易了解读者的需求变化,同时也能尽快掌握同领域内的竞争情况,及时发现新的市场机会,快速制定应对策略,最大程度地赢取经济效益。专业读者也可以较容易地捕捉本专业学科最新的科研成果,发展动态,投身前沿科技的研究。

3. 数字化

20 世纪以来,数字化革命彻底改变了连续出版物的出版模式。在线出版逐渐取代纸质印刷和缩微、光盘等出版模式。有些实力雄厚的出版集团正逐步抛弃传统出版模式,计划将产品完全数字化、网络化。例如,由美国化学文摘服务社(CAS)在 1907 年创刊的《化学文摘》,在 2012 年彻底完成了从纸本到网络版的转变。

4. 法制化

随着数字化出版物的快速传播,网络环境下著作人的权益受损问题频繁出现。为保障作者的正当权益,促进优秀作品的传播,各国的版权法、出版法也随着出版环境的变化不断修订完善。20 世纪 90 年代以来,新环境下的版权法案不断公布。美国于 1995 年 9 月和 1998 年 1 月 28 日分别公布了《知识产权与国家信息基础设施》(*Intellectual Property and the National Information Infrastructure*)和《数字化时代版权法》(*The Digital-Millennium Copyright Act of* 1998, *DMCA*)。欧盟于 1995 年 6 月和 1996 年 11 月分别公布了《关于信息社会的版权和有关权的绿皮书》(*Green Paper on copyright and related rights in the information society*)和《关于信息社会的版权和有关权的续绿皮书》(*Follow-up to the Green paper on copyright and related rights in the information society*)。1996 年 12 月,世界知识产权组织在日内瓦召开的外交会议上,缔结了《世界知识产权组织版权条约》(*World Intellectual Property Organization Copyright Treaty*, *WCT*)和《世界知识产权组织表演和录音制品条约》(*WIPO Performances and Phonograms Treaty*, *WPPT*)。这是为了解决网络环境中的一些版权保护问题而制定的国际性条约。

5. 注重出版物自身的品牌

竞争日益激烈的市场环境下,连续出版物的更新换代现象频繁。目前的竞争已经不止局限于价格的竞争。没有独特的视觉设计,引人的内容,很难在出版界发展下去。现在许多大型的出版社多从出版质量入手,出版内容严格按照国际评价标准收录编辑,版面设计上更加注重视觉效果,逐步树立起自己的品牌形象。

三、连续出版物的发行

市场化的运作、激烈的行业竞争迫使出版机构在保证出版物高质量的同时,时刻关注市场需求,制定高效多样的营销策略,开辟新的营销路线。根据受众群体的不同,连续出版物发行的渠道和方式也各有不同,渠道多样,方式灵活。

1. 出版机构自办发行

连续出版物的自办发行在发行总量中占有重要地位。国外许多实力雄厚的出版社多设独立的编辑部门和营销部门,将编辑和发行完全分离,在保护内容编辑不受广告营销和经营环节影响的同时,将产品的发行提到同等重要的地位。国际大型出版社拥有庞大的销售网络,有实力投入专业的人力和财力组建专门的书刊发行系统。这些隶属于出版社的发行部门,不仅负责本社书刊的发行,还会代理其他中小型出版社的发行业务,负责接受预定、订单处理、收款、发货、问题书刊的处理以及客户服务等工作。有些出版社的发行部门也会将部分工作外包给专业公司,本社人员负责整个发行过程的监督、指导以及钱款等重要环节的工作。

出版社自办发行对于用户来说有许多优势。一方面,它免去了中间代理商的盈利和周转,用户可以更优惠的价格、更快的速度拿到报刊。另一方面,连续出版物普遍存在出版信息的不定时变化现象,如频率、题名、出版者等的变动。自办发行的连续出版物发行信息更新及时,方便用户获取更准确的出版动向。

2. 专业报刊发行机构

出版物发行商作为出版物发行的专业机构,为连续出版物的发行带来了更广阔的市场。不仅中小型出版社会将自己的报刊发行代理委托给专业的发行商,许多大的出版社也会选择发行商代理本社连续出版物的零售发行。现代意义的出版物发行和服务模式既保证了出版社的信息需求,又能为下游客户提供高质量的服务。例如,美国两大出版物发行公司英格拉姆(Ingram)和贝克·泰勒(Baker & Taylor)的业务范围不仅囊括了各种类型出版物的发行,还为图书馆提供书目信息、资源整合服务以及各种国际业务。对于下游客户,发行公司可以提供信息量庞大的书目数据库,还可以通过网络技术,实时更新,方便客户和读者按需检索订购。对于市面上缺货或是难以找到的过期报刊,发行公司一方面可以运用自己的仓储平台提供订购服务,也可以根据网络销售记录,查找货源,帮助用户补藏。对于上游出版社,发行公司会将自己搜集整合的市场需求信息,以及重要经销商的库存情况进行反馈,方便出版社定制出版计划,同时协助他们制订营销方案,推销各种产品。

3. 零售商

连续出版物的零售主要依靠各地的零售商来完成。零售商的主要职责就是连续出版物的及时销售。由于连续出版物的时效性较强,因此,为保证销售的及时,上游批发商会以合同形式,规定一些展销标准。同时,零售商要及时处理滞销连续出版物的退货等事宜。除了传统的销售摊点外,目前零售商终端还转向了各种商业卖场及服务场所。零售商规模大小不一,形式多样。

4. 网络销售

随着计算机技术和网络通信技术在出版业的广泛应用,网购人群逐渐增加。网上书店的兴起,使出版物的网络销售迅速占领了出版物零售市场的主导地位。网上书店涉及的出版物品种范围广泛,信息更新及时,网购者不受地域和时间的限制。再者,网上价格透明,折扣优惠力度大,对消费者存在较大的吸引力。

随着出版物类型的不断丰富,网络销售不只局限于印刷型出版物,电子书、电子连续出版物、影视、音乐、游戏、软件等电子产品也被放到网上销售。全球商品品种最多的网上零售商亚马逊公司(Amazon),以网络销售出版物起家,而且一直保持着网络销售领先的地位。为了适应网络时代的到来,几乎所有的出版商和实体书店都已建立自己的销售网站,并利用许多热门网站宣传、销售自己的产品。对于连续出版物的购买者来说,网上书店便捷的检索功能、图文并茂的宣传介绍以及连续出版物信息变化的及时更新,特别是对于过期报刊的搜索查找,都大大节省了读者的时间和精力。

5. 国际书展

19 世纪至今,国际书展已经成为出版界的重要活动,每年举行的书展大大小小几十个,其中最具代表性的有法兰克福图书博览会、伦敦图书博览会、博罗尼亚儿童图书博览会、巴黎图书博览会、莫斯科国际图书博览会、东京国际图书博览会、北京国际图书博览会、美国书商协会年会与贸易展览会、澳大利亚国际书展等。现在的国际书展主要起到以下几个方面的作用:一是通过出版物展示和业务交流,了解各国出版业动态;二是为版权贸易提供场所和机会;三是为优质出版物的交易提供了便利条件。

国际书展为连续出版物的交流创造了一个综合性的国际舞台。各展商提供的连续出版物目录和原文原版样品,对购书者来说,是难得的第一手资料,为购书提供了最直观的参考意见。

在全球一体化的大背景下,出版业在走融合发展道路的同时,还必须要保持自己的独特魅力,只有这样才能长久地发展下去。国际书展为各国出版业提供了展示自己的平台,提供了文化交流与合作的丰富资源,为人类文明的发展起着重要的作用,值得我们把握住每次契机走出去,并将优质文化引进来。

第三节　连续出版物与开放获取

一、开放获取的产生与发展

开放获取(Open Access)是一种学术信息共享的自由理念和出版机制,是近十几年来国际科技界、学术界、出版界、信息传播界为推动科研成果通过互联网免费地、自由地利用而兴起的运动①。自 20 世纪 60 年代的萌芽期发展至今，其内涵、形式一直在发展变化。最早被广泛采纳接受的开放获取的定义，是 2002 年 2 月 14 日布达佩斯开放获取先导计划（Budapest Open Access Initiative，简称 BOAI）对开放获取的公开界定："我们可以在公共的因特网上自由地获取，并允许任何用户阅读、复制、下载、发布、打印以及查找文献，或提供文献文本的链接、进行索引、作为素材纳入软件以及任何其他的法律需要的应用。以上诸类使用方式没有任何财务、法律或技术上的障碍，除非由于因特网自身所造成数据获取的障碍。有关复制和文献传递的唯一约束以及版权所起的唯一作用就是须确保作者本人拥有保护其作品完整性的权利，如果引用此作品应该表达适当的致谢并注明出处。"②

在开放获取被公开赋予定义之前，学术资源的开放获取交流活动便早已开始。其历史可以追溯到 20 世纪 60 年代。开放获取的研究专家彼得·萨伯（Peter Suber）所做的开放获取运动时间表（*Timeline of the Open Access Movement*）③，为我们展示了国际开放获取的发展脉络和大事件。开放获取正由学术界的一种倡导和个人、个别组织的行动向一种基于权利公平、正义的法律行为发展。这种趋势，一方面表现为越来越多的社会团体、组织通过签署宣言、制订内部规定来支持和参与"开放获取运动"，另一方面则表现为一些政府机构或公营机构通过制订行政规章来保证开放获取的实现，甚至一些传统的图书、期刊出版发行商也参与到了其中④。

目前，随着开放获取的迅速发展，开放获取的对象已经不再局限

① Velterop J. Open Access Publishing［J］. Information Services and Use，2003（23）：113 – 115.

② Budapest Open Access Initiative［EB/OL］.［2016 – 01 – 11］. http://en. wikipedia. org/wiki/Budapest_Open_Access_Initiative.

③ Suber P. Timeline of the Open Access Movement［EB/OL］.［2016 – 01 – 11］. http://legacy. earlham. edu/ ~ peters/fos/timeline. htm.

④ 陈力. "开放获取"刍论［J］. 国家图书馆学刊，2007（2）：20 – 26.

于学术期刊的论文,范围逐渐扩大,开始接纳学位论文、科学数据、科研报告、专利、标准、多媒体以及各种教育资源、系统、过程的开放共享。

开放获取运动之所以能够获得如此之快速的发展,原因主要有两个方面。一方面是由于其本身的优势所在,即投稿方便、出版快捷、出版费用低廉、便于传送或刊载大量的数据信息、检索方便、具有广泛的读者群和显示度等。另一方面是由于出版的商业化带来的期刊危机和信息交流与获取的危机情况越来越严重。基于订阅的纸本期刊越来越少,而电子期刊的订购价格却逐年提高,给读者和图书馆等科研机构的订阅设置了很大的障碍。同时,出版界知识产权保护等法律意识日益增强,信息的发布渠道和流程更加严格,这使得读者得不到想要的信息,不能及时有效的交流研讨。因此,人们对开放获取的态度从最初的反对、不理解、观望,快速地发展为理解、支持、主动参与。正是在这样的条件下,开放获取作为一种新型的学术交流机制,被越来越多的个人和机构接受并参与其中。

目前,开放获取的出版模式,就其实现途径而言,可分为两种,即著者自费出版的开放获取和著者或机构自建档向外界免费开放①。著者自费出版途径主要是开放获取期刊,著者或机构自建档主要有开放获取仓储(包括机构知识库、学科知识库)和个人网页②。

开放获取运动起步虽晚,但是它的特殊性足以引起科教机构、出版商、图书馆,甚至是各国政府和国际组织的普遍关注。为了推进开放获取运动,许多国家政府都愿意从政策方面给予支持。例如,美国政府先后制定并通过了《公共获取科学法案》(*Public Access to Science, Act*)、《NIH 提高对科研信息开放获取政策草案》(*Proposed NIH Policy*

---

①　Read the Budapest Open Access Initiative[EB/OL].[2016 - 01 - 11]. http://www. soros. org/openaccess/read.

②　Björk B. Open access to scientific publications-an analysis of the barriers to change?[J]. Information Research,2004,9(2):170.

on Enhanced Public Access to NIH Research Information)、《联邦研究公共获取法案》(Federal Research Public Access Act, FR-PAA)等政策法规①。

在图书馆界,开放获取的影响正逐步加深。开放获取资源已经成为馆藏资源的重要组成部分。秉承着信息传播自由、享受信息服务人人平等的精神,图书馆在开放获取运动中的地位变得越来越重要。从某种意义上说,不仅是一个积极的参与者,也将是一支推动"开放获取运动"健康发展的重要力量。

二、开放获取期刊——重要的连续出版物形式

开放获取期刊作为开放获取的主要实现途径之一,是连续出版物的一种重要出版形式。它为读者提供了免费的访问服务,任何用户都可以通过互联网免费阅读、下载、复制、传播、打印和检索作品,并实现对期刊全文的链接、为作品建立索引和将作品作为数据传递给相应软件,或者进行任何其他出于合法目的的使用,不受经济、法律和技术的任何限制。期刊的开放获取出版模式将传统的出版者、服务提供者、研究人员之间的固有关系实现了分离,直接实现了研究人员与出版传播的结合,加速了科研成果出版的速度、扩大了受众面,有利于研究人员学术地位的确立。

著名学者莎莉·莫里斯(Sally Morris)将开放获取期刊分为三类②:延迟开放获取期刊(Delayed Open Access Journals)、半开放获取期刊(Partial Open Access Journals)和完全开放获取期刊(Open Access Journals)。

延迟开放获取期刊指出版一段时间(数月或一年不等)以后可以免费获取电子版的期刊。延迟开放获取期刊实际上是将开放获取的

① 付晚花,肖冬梅.国际开放获取政策及其研究进展综述[J].图书馆杂志,2010(3):23-27.

② Morris S. Open Access:How Are Publishers Reacting? [J]. Serials Review,2004(4):304-307.

思想引入到了期刊传播过程的后期,它的经营模式仍然是传统期刊的"用户订阅"模式。延迟开放获取期刊只是在形式上对传统期刊进行了改革,并没有进行根本性的革新。

半开放获取期刊指对期刊中部分文章提供开放获取形式的期刊。半开放获取期刊主要是对两类内容进行开放获取:一是特别重要或者有报道价值的文章,这类内容开放获取的目的是为了吸引更多的用户;二是作者支付出版费用的文章。与延迟开放获取期刊相比,半开放获取期刊在期刊的出版阶段就引入了开放获取思想。但由于它们只是对部分内容进行开放获取,并没有完全摆脱传统期刊的经营模式,是一种期刊两种经营模式的期刊类型。

完全开放获取期刊指不将用户(读者)付费作为其商业模式的期刊。完全开放获取期刊的资金来源主要有:①专门的投资机构进行投资;②期刊所属机构隐性投资,这种主要是通过所在机构支付员工工资或提供基础设施等方式实现;③作者付费方式,期刊通过向作者收费来弥补出版费用,这些费用一般都包含在作者的研究经费中或者由作者所在机构支付;④期刊的广告收入等。

目前具有代表性的开放获取期刊平台主要有:

1. 开放获取期刊目录(Directory of Open Access Journals,简称DOAJ)

DOAJ 是由瑞典隆德大学图书馆创建的一个开放期刊目录平台,录入期刊的文章都需经过同行评议或编辑严格审查,质量高,与期刊同步发行,均可免费全文下载,是目前最好的开放获取期刊平台。截至 2015 年年底,DOAJ 共收录 136 个国家的 10 959 种期刊,其中 6814 种期刊可以进行论文内容的检索。其学科覆盖农业与食品科学、艺术与建筑、生物及生命科学、化学、数学与统计、物理及天文学、工程学、地球及环境科学、保健科学、自然科学总类、历史及考古学、语言及文学、法律与政治、经济学、哲学与宗教、社会科学、综合性等。

网址:http://www.doaj.org/。

2. 开放期刊门户(Open J-Gate)

Open J-Gate 是由 Informatics(India)Ltd 公司于 2006 年创建并开始提供服务,并提供基于开放获取期刊的免费检索和全文链接。其主要目的是保障读者免费和不受限制地获取学术及研究领域的期刊和相关文献。截至 2015 年年底,Open J-Gate 共收集 23 027 多种开放获取期刊,每年有超过 30 万篇新发表的文章被收录。Open J-Gate 每日更新,并提供全文检索。检索功能强大,检索方式主要包括快速检索、高级检索和期刊浏览。此外,该平台还提供期刊"目录"浏览,用户通过该浏览,可以了解相应期刊的内容信息。

网址:http://openj-gate. org/。

3. 生物医学中心(BioMed Central,简称 BMC)

BMC 是一家致力于生物医学领域文献出版与交流的出版社。专注于开放的研究,内容涵盖生物学和医学的各领域。截至 2015 年年底,BMC 可提供超过 306 多种经过同行评议的生物医学类开放获取期刊。BMC 的期刊既包括一般性生物医学期刊,如《生物学杂志》(*Journal of Biology*),也包括专论某一个科目的专业期刊,如《BMC 生物信息学》(*BMC Bioinformatics*)。用户可以免费获取在 BMC 上发表的所有论文。另外,对于订阅的用户,出版社还会提供例如文章的评议内容等增值服务。

网址:http://www. biomedcentral. com/。

4. PubMed Central(简称 PMC)

PubMed Central 是由美国国家生物技术信息中心(National Center for Biotechnology Information,NCBI)于 2000 年 2 月建立的生命科学开放获取期刊文献数据库,保存生命科学期刊主要研究论文的全文,免费供公众使用。PMC 的所有全文在 NCBI 的 PubMed 平台中都有相应的篇名和摘要。在利用 PubMed 检索时,检索结果中可以在网上免费获得全文的文献记录都会有相应的链接,其中包括在 PMC 免费获取全文。

网址:http://www. pubmedcentral. com/。

5. 美国公共科学图书馆（The Public Library of Science，简称 PLoS）

PLoS 创立于 2000 年 10 月，是一家由众多诺贝尔奖得主和慈善机构支持的非营利性学术组织，是为科技人员和医学人员服务并致力于使全球范围科技和医学领域文献成为开放获取的公共资源。PLoS 的目标是：①通过让世界任何一个地方的科学家、医生、病患或者学生无限制地获取最新的科学研究讯息，打开世界科学知识图书馆之门；②通过实现自由搜索已发表的文章全文，查找特定观点、方法、试验结果和观察资料，以促进研究医学实践和教育；③让科学家、图书馆管理员、出版商和企业家可以发展新的模式以探索和利用世界科学理念和发现的宝库。截全 2015 年年底，PLoS 共出版了 10 种国际上顶级水平的科学期刊。

网址：http://www.plos.org/。

6. 日本科学技术信息集成系统（J-STAGE）

J-STAGE 由日本科学技术振兴机构（Japan Science and Technology Agency，简称 JST）开发，收录了日本各科技学会出版的文献（以英文为主），包括 1773 种开放获取期刊、多种会议录以及研究报告等。收录文献以学术研究类为主，涉及科学技术的各个领域。该系统所有文献的题录和文摘均免费开放。

网址：https://www.jstage.jst.go.jp/。

此外，国外许多大型出版社也逐步涉足开放获取领域，例如爱斯唯尔（Elsevier）、施普林格·自然（Springer Nature）等出版社。截至 2015 年年底，爱斯唯尔已拥有近 500 种、施普林格·自然也已拥有 200 余种开放获取期刊。

第三章　外文连续出版物的馆藏建设

从传统图书馆的馆藏结构看,图书、期刊、报纸是馆藏文献的重要组成部分。随着原生电子资源的大量产生以及数字化文献的不断增加,图书馆馆藏的载体类型在不断地发生变化,但就原生电子资源和数字化资源而言,电子书、电子期刊、电子报纸也是图书馆馆藏的重要组成部分。因此,外文连续出版物作为我国图书馆用户了解国外最新信息的重要渠道,尤其是学术期刊作为科研人员从事学术研究活动的重要文献获取途径和各行业研究进展及科研发展动态交流的平台,早已成为了各图书馆馆藏中最重要的文献类型。

第一节　各类型图书馆的馆藏需求

由于不同类型图书馆的使命、馆藏发展政策、读者对象都有着各种差异,因此它们在连续出版物的馆藏建设上分别有着不同的需求。

一、国家图书馆

1. 使命与职责

国家图书馆是综合性、研究型图书馆,是国家总书库;履行搜集、加工、存储、研究、利用和传播知识信息的职责。作为一个综合性、研究型图书馆,它的职能和使命主要是:第一,致力于图书馆事业研究、服务于中央党政军领导机关、科学研究部门和重点生产建设单位;第二,履行搜集、加工、存储、保护、保存国内全部有价值文献的功能;第三,承担国外重点文献的收藏职责,国外的一些重要文献,特别是一些连续出版物,完全可能因为受众极少,国内其他图书馆均不收藏,而国家图书馆却应该收藏[①];第四,承担着信息时代图书馆界主导者和协调者的角色[②]。

2. 馆藏发展政策

国家图书馆是综合性研究图书馆,担负建设国家总书库以及为中央和国家领导机关立法与决策、重点科研、教育、生产单位和社会公众服务的职责。为履行这些职责,国家图书馆在外文连续出版物方面的采访政策主要为[③]:

在注意保持馆藏,尤其是多卷集、期刊、报纸等连续出版物的连续性和完整性的原则下,重点采选各学科有参考价值的、图书馆学与信息管理等有参考价值的学术刊物,有关我国周边国家政治、经济、文化、民族、宗教、军事、地理等情况的连续出版物等;适当采选科普类、旅游与娱乐类连续出版物;为节约馆藏空间,适当采选国外报刊的缩微制品,并替代印刷型原本。对于外文数据库,重点采选收录范围广或在某学科领域具有一定权威性的、工具型或学术型的数据库;就内容选择而言,应注重与馆藏其他类型文献的协调互补,重点采选有关中国的外文数据库、我国重点发展的支柱产业所需文献的外文数据库和学术价值较高的外文数据库。

3. 外文连续出版物的馆藏建设需求

国家图书馆的使命与职责决定了其馆藏发展政策,而馆藏发展政策则是外文连续出版物馆藏建设的主要依据。国家图书馆不仅要从其服务对象的信息资源需求出发,还要从外文文献资源国家保障的角度,分析图书馆资源购置经费与全球文献出版状况,寻求相对合理的外文连续出版物资源建设方案。即国家图书馆外文连续出版物的采

---

① 刘兹恒. 对国家图书馆信息资源建设的一些思考[J]. 国家图书馆学刊, 2008(3):75 – 79.

② 吴慰慈,蔡箐.国家图书馆发展战略研究[J].国家图书馆学刊,2008(2): 15 – 20.

③ 国家图书馆.国家图书馆年鉴 2011[M].北京:国家图书馆出版社,2011: 276 – 285.

访要站在全国外文文献资源保障体系建设的高度,承担起文献资源共建共享排头兵的职责。

二、公共图书馆

1. 使命与职责

公共图书馆通常以本地区公民为主要服务对象,其用户不分户籍、性别、年龄、职业、教育程度以及宗教信仰,均具有平等使用图书馆的权力。公共图书馆以满足服务对象的信息资源需求为己任,通过分析图书馆用户的信息资源需求来确定图书馆的定位和馆藏发展方向。通常情况下,公共图书馆扮演着地区公共文化服务和活动空间的角色,通过多元化的馆藏资源向用户提供教育机会、传播文化知识并满足用户的休闲需求。

2. 馆藏发展政策

公共图书馆馆藏发展政策的制定主要以满足所服务对象的信息资源需求和地方社会发展需求为依据,并在参考图书馆自身条件的前提下,遵循文献资源建设的相关原则,构建适合当地特色的多元化、多层次、可持续发展的馆藏资源体系。

3. 外文连续出版物的馆藏建设需求

就外文连续出版物而言,公共图书馆通常以满足用户社会与信息获取需求为主要目标,同时考虑地区信息资源的配置状况和地区信息资源建设的整体布局和未来发展,因此其外文连续出版物的采选主要以兼顾知识性和娱乐性,能够满足用户一般生活、休闲、学习和工作所需的期刊和报纸为主,并根据资源协调和馆藏特色的需求,采选满足地区发展需求和符合地区特色的刊物。

三、高校图书馆

1. 使命与职责

教育部颁布的《普通高等学校图书馆规程(修订)》指出,高校图书馆作为学校的文献信息中心,是服务于教学和科学研究的学术性机构,履行教育职能和信息服务职能,其建设和发展应与学校的建设和发展相适应。高校图书馆资源建设相关的主要任务是:建设包括馆藏实体资源和网络虚拟资源在内的文献信息资源;组织和协调全校的文献信息工作,实现文献信息资源的优化配置;积极参与文献保障体系建设,实行资源共建、共知、共享,促进事业的整体化发展[①]。

2. 馆藏发展政策

高等学校图书馆的馆藏发展政策需根据学校的发展目标和教学、科学研究的需要,根据馆藏基础及地区或系统文献资源布局的统筹安排,制订文献信息资源建设方案,形成具有本校特色的馆藏体系;在文献采集中需兼顾纸质文献、电子文献和其他载体文献,兼顾文献载体和使用权的购买;保持重要文献和特色资源的完整性和连续性,注意收藏所属学校以及与该校有关的出版物和学术文献。此外,高校图书馆的资源建设还需根据学校教学、科学研究的需求,根据馆藏特色及地区或系统文献保障体系建设的分工,开展特色数字资源建设和网络虚拟资源建设,整合实体资源与虚拟资源,形成网上统一的馆藏体系。

3. 外文连续出版物的馆藏建设需求

高校图书馆的用户群体主要以教学人员、科研人员、学生为主,因此高校图书馆外文连续出版物的馆藏建设需求主要分为三种情况:

(1)教学相关的知识获取

连续出版物具有内容新颖、涉及领域广、学术成果报道迅速及时、出版数量大等特点,而这些特点也正是它们受到用户青睐的重要因素。高等学校的教学人员、大学生等,由于自身文化素质和认知水平相对较高,往往比较侧重于获取外文文献,尤其是外文学术期刊的相关信息,从中吸取教学的方法、理论和成果。因此,高校图书馆通常会以本校的学科设置、各学科师生数量、学科建设目标等因素为依据,采

①　教育部关于印发《普通高等学校图书馆规程(修订)》的通知(教高〔2002〕3 号)[EB/OL].[2015 - 10 - 12].http://www.moe.edu.cn/publicfiles/business/htmlfiles/moe/moe_23/200202/221.html.

选相应的外文连续出版物。

（2）科研相关的文献需求

科学研究也是大多数高等院校的重要职能之一。尤其是改革开放以来，随着我国高等教育事业的不断发展，科学研究在高校的地位不断地提升，科研成果的种类、数量、水平业已成为高等学校综合实力的重要体现。因此，高校图书馆对于本校科研相关的学术资源，尤其是外文学术型连续出版物的采选也越来越重视。在学术型连续出版物的馆藏建设上，高校图书馆在保障学科专业及相关科研文献获取的前提下，实施分学科、分层次、分等级的采选方针，做到各学科连续出版物的比例协调、统筹合理、馆藏优化，满足各层次用户的需求①。

（3）馆藏建设体系的需求

很多高校图书馆的外文连续出版物收藏都有着悠久的历史，即使是新组建高校的图书馆，其连续出版物的馆藏建设也会保持连续性。因此，高校图书馆的外文连续出版物馆藏建设都会立足于馆藏结构的整体布局，形成连续出版物与图书相协调、期刊与报纸相协调、印刷型与电子型连续出版物相协调、现刊与过刊相协调、各学科专业品种相协调的可持续发展的馆藏体系。

四、专业图书馆

1. 使命与职责

专业图书馆是指专门为某一学科领域或某些学科领域的研究人员（群体）提供信息资源服务的图书馆，其馆藏建设具有学科专门化的特点。在我国，专业图书馆主要指政府部门、学会、协会、科学研究机构、事业单位、社会群众组织、博物馆、商业公司、工业企业和其他有组织的集团所属的图书信息机构，例如中国科学院系统所属的图书馆、中国社会科学院系统所属的图书馆、部队系统所属的图书馆以及文化

---

① 丁明刚.高校图书馆学术期刊管理概论［M］.合肥：合肥工业大学出版社,2011：17.

馆博物馆系统所属的图书馆等。专业图书馆是直接为其所属的机构服务的,因此其职责主要是为所属机构科研人员提供专门的资源服务。

2. 馆藏发展政策

由于专业图书馆的服务对象相对固定,用户所需信息资源也通常以某一个或几个学科领域为主,所以其馆藏建设也多侧重于某一个或几个学科领域及其相关学科的信息资源。因此,专业图书馆的馆藏建设任务[①]首先要注重本专业的资源收藏,并结合本馆的文献信息资源特色、经费状况、设备、人才等具体实际,确定本馆的特色项目,集中力量办出特色、办出效益。

3. 外文连续出版物的馆藏建设需求

专业图书馆是直接为其所属的机构服务的,其工作本身就是所在机构科研工作的组成部分,因此专业图书馆在外文连续出版物采选的需求上应紧密结合本系统、本单位、本专业的研究方向和任务,重点采选相关学科领域的外文学术期刊和其他连续出版物,有选择地采选其他学科领域的外文连续出版物,同时注意印刷型连续出版物与电子资源之间的协调发展。

第二节　纸电馆藏的协调发展

电子资源的出现,给图书馆带来了一场深刻的革命。如今,电子资源在各类型图书馆的馆藏文献中,已占有很大的比例,甚至在各馆的整个馆藏结构中所占比例也呈逐年上升的趋势。电子资源在图书馆文献建设中所占的比重越来越大,也越来越受到用户的欢迎。图书馆连续出版物的收藏也逐渐地由收藏传统的纸本文献发展为纸电并

---

① 李以敏,江丽丽. 专业图书馆信息资源建设浅谈[J]. 中国图书馆学报, 2003(3):99-100.

收的结构,且越来越向网络化、数字化的趋势发展。因此,寻求纸本和电子连续出版物的最佳配置比例是各图书馆面临的重要课题。

一、连续出版物的出版状况与销售模式

1. 连续出版物载体形态的多样化

连续出版物的载体形态经过若干年的发展,已不再限于单一的纸本形式,连续出版物的数字化形式、报刊数据库及原生在线连续出版物逐渐形成规模。与纸本连续出版物相比,电子形式具有传播速度快、检索平台功能强、存取灵活、交流方便等优势,因此它与纸本连续出版物一并成为图书馆重要的文献资源,并有逐渐取代纸本形式的趋势。目前,出版界开始流行"按需出版"(Print on Demand),即出版商开始以出售电子版连续出版物为主,只有在客户需求的时候才印刷纸本形式。这将连续出版物的发行形式从印刷型为主转向了以电子版为主,同时,电子版本也从 CD-R、DVD 发展到了在线形式,服务模式也从单机、联机到互联网的模式发展。根据《乌利希全球连续出版物指南》(Ulrichsweb Global Serials Directory)统计,目前处于发行状态的连续出版物共计约 36 万种,其中以纸本载体发行的品种数约为 22.5 万,以在线形式发行的品种数约为 11.3 万,以缩微、光盘、电子邮件等形式发行的品种数约为 2.2 万[①]。

2. 连续出版物出版模式的多样化

汇总目前的出版模式,一般有三种,即商业型连续出版物(由营利性出版机构操作)、非营利连续出版物(多由学术出版机构操作)、开放获取资源(以 OA 期刊为主)。商业型连续出版物和非营利连续出版物的出版由来已久,而新诞生的开放获取资源近年来逐渐地受到了全球出版界、学术界以及图书馆界的广泛关注,同时也成为学术交流

---

① 以上数据源自《乌利希全球连续出版物指南》。其中,以纸本发行的连续出版物可能同时存在电子(包括在线)及其他形式的版本,以电子(包括在线)及其他形式发行的连续出版物可能同时存在纸质版。

和科学研究领域的一大热点。

3. 连续出版物销售模式的多样化

纵观全球连续出版物的销售市场,按营销方式主要分为 B2B (Business to Business)和 B2C(Business to Consumer)两种。B2B 主要指出版商针对图书馆或科研机构等的销售行为,其内容多以学术性连续出版物为主,B2C 则主要指出版商针对个人消费者的销售行为,其内容多以休闲娱乐性的连续出版物为主。对于学术性连续出版物而言,它的承载信息范围、受众范围、价格等因素制约了其 B2C 的销售方式,其主要销售对象是图书和科研机构。随着连续出版物载体形态的变化,连续出版物的销售早已不再限于纸本形式,连续出版物的销售模式经历了从"纯纸本→纸本 + 免费网络版→纸本 + 附加一定费用的在线版→按回溯卷期定价的纯在线版→分级定价的在线版和针对各个订阅户定价的在线版"的演变和叠加。

二、馆藏建设所面临的问题和矛盾

目前,图书馆收藏连续出版物的载体形态主要以纸本和电子型为主,这种共存现象将一直存在。它们有着各自的优缺点,且互为补充。然而在采选过程中,图书馆在纸本和电子型连续出版物的协调上也遇到了许多问题和矛盾:

1. 纸本与电子连续出版物的重复订购问题。纸本与电子连续出版物的重复订购现象在图书馆馆藏建设过程中普遍存在。原因主要有两个,一是为保障馆藏核心资源的连续性而保留纸本,二是部分连续出版物的订购受到出版商销售政策的制约,即订购纸本或电子版本时必须同时捆绑另一种版本。图书馆经费的年度涨幅原本就跟不上外文连续出版物价格的涨幅,再加上以上两种原因,馆藏的重复采购和图书馆购买力之间的矛盾则更显突出。

2. 馆藏长期保存和资源便捷利用的矛盾。电子连续出版物被引进图书馆后,由于它具有获取方便、时效性强的特点,因此使用量猛增,而纸本期刊的使用量则急剧降低。然而,当前引进的电子连续出版物很多只有使用权,外文报纸数据库尤为如此,即使许多学术期刊出版机构已经向图书馆等订购机构保证其永久访问权,但当图书馆因经费紧张而停止订购时,如果需要访问已订购年限的资源,图书馆仍需向出版商支付一定金额的平台使用费。此外,技术、经济和政治的因素都可能妨碍我们对这些资源的长期连续获取,一旦出版商或集成商中止服务,资源的获取、保存就会陷入僵局,这是所有图书馆都面临的一个严峻挑战。

3. 电子连续出版物的捆绑销售策略与图书馆的实际馆藏需求存在矛盾。20 世纪 90 年代以来,电子期刊的兴盛也曾一度降低了图书馆连续出版物的采购经费,原因主要有两个:第一,它的制作和传播成本较纸质版更加低廉,电子连续出版物的复本边际成本很低甚至几乎可以忽略,它通过互联网传播后,更加缩减了纸质版的邮寄成本;第二,出版商希望让图书馆等机构更快地接受电子形式。然而,随着用户越来越习惯使用电子型资源后,出版商们为了获取更大的利润,在大幅提高销售价格的同时,还对于电子连续出版物的销售采取许多限制性的订阅模式,例如,利用"IP 控制"和"用户名 + 密码"等方式对用户的访问权限加以严格控制;采用捆绑销售策略,即出版商将大量的非核心资源与少量的核心资源打包销售,即使图书馆发现在已购数据库中很多连续出版物的使用量为零,但是根据电子连续出版物的采购协议,图书馆仍不能随意选择停订这些品种。图书馆因此处于更加被动的状态①。

三、馆藏协调建设的原则和策略

1. 基本原则

电子资源与纸本资源的协调发展是实现图书馆目标和任务的必

---

① Dolechek M. 2010 Study of Subscription Prices for Scholarly Society Journals [EB/OL]. [2015 – 11 – 03]. http://allenpress.com/system/files/pdfs/library/2015_Allen_Press_Study_of_Subscription_Prices.pdf.

然选择。为更好地推进二者的协调发展,应考虑如下几个原则:

(1)适用性原则。又称作价值需求原则,或实用性原则,主要是指图书馆所采选的资源要符合馆藏发展的政策、适合图书馆的使命要求、适合图书馆的用户需求。这一原则可以作为图书馆选择相同内容连续出版物的纸本或电子形式的重要参考依据。

(2)系统性原则。系统性原则主要是指馆藏体系内容和形式结构上的系统完整性和资源采购计划的系统性。采访馆员需要在馆藏经费预算内,确定各种版本连续出版物的取舍及采购的比例,这种比例既要依据馆藏结构,如学科主题、文献类型、文种、时间等馆藏构成,又要注意馆藏体系内容和结构上的系统完整性。只有如此,我们才能够确保图书馆经过长期积累,形成具有最佳结构和功能的馆藏体系。

(3)互补性原则。图书馆作为保存和传播人类知识和文明的殿堂,其全部馆藏资源必须服务于所有用户,以促使其目标和任务的实现。纸本资源与电子资源的协调发展正是实现图书馆目标和任务的必然选择。纸本与电子资源是图书馆最重要的两种文献,而二者之间很容易存在交叉和重复,采集时必须注意二者的协调,以避免造成资金的浪费和采集的盲点。此外,为避免重复购置,图书馆之间应积极加强沟通,实现资源共享。例如,国家科技图书文献中心(NSTL)于2008年购置了Springer期刊回溯数据(OAC)的全国授权,国家图书馆于2010年采购了SAGE和Emerald两家出版集团的全文期刊回溯库的全国授权等,采访馆员一定要及时获取此类信息,避免重复购置。

(4)经济性原则。经济性原则主要是指合理利用有限的人力、财力、物力资源,达到馆藏电子资源体系功能最强、利用率最大的目的。任何一个图书馆的资源建设经费都是有限的,所以在电子资源的采购上要实现"投入最少,效益最大"的目标。为达到这一目标,采访人员应本着以下几点进行工作:第一,做好采访经费分配的使用计划,做好纸本与电子连续出版物的价格及其涨幅的统计与分析,选择最优采购方案。第二,做好使用统计与分析,据此重点保证重要的、使用量大的权威性资源,剔除使用率低、使用成本高的刊物。第三,在网络环境及馆际共建共享的条件下,适当调整采购方针。

(5)永久保存原则。对于电子连续出版物而言,永久保存原则仅针对具有保存价值的刊物适用。在可能的情况下,图书馆应通过许可协议谈判获得电子连续出版物的永久访问权和存档权。存档权十分重要,因为它既可以满足图书馆资源长期保存的需要,又可以保证在内容提供商方出现任何意外时继续为用户提供持续的服务。

2. 馆藏发展政策与馆藏评价制度的修订

馆藏发展政策的制定与实施是馆藏发展的核心问题,它具有指导性、系统性、可操作性、层次性、连续性、动态性以及前瞻性等特点。图书馆应在职责、使命以及馆藏建设目标的指导下,制定出具有上述特点的用于评价、选择、采购、使用、维护、保存馆藏的一系列原则、标准和规定。目前,由于电子资源已经成为现代图书馆馆藏结构的重要组成部分之一,因此,现代图书馆馆藏发展政策中对于电子资源馆藏发展的厘定是不可或缺的。同时,图书馆还应不断地对已有的馆藏发展政策进行修订和完善。

在馆藏评价制度方面,应针对电子资源和纸本资源的不同特征,制定相关的评价原则和细则,重新构建综合考虑纸本资源和电子资源的评价标准和指标体系,为馆藏采选提供数据支持,为馆藏政策的适时调整提供依据①。

3. 寻求与出版商合作的新模式

数字信息的进步和网络技术的发展,使得连续出版物载体形式多样化。这一变化也使外文连续出版物的销售模式发生了相应的变化,变得更为复杂。首先,出版市场形成了主要以纸本与电子连续出版物两种载体并列发展的局面;其次,这两种载体的刊物不是相互独立的,而是一个相互联系的整体,并且部分出版商将两者捆绑销售;此外,有些出版商还将其旗下出版的学术期刊全文数据库打包销售。这些变

---

① 李咏梅,袁学良. 论电子资源与纸本资源的协调发展[J]. 中国图书馆学报,2009(7):51-57.

化都使得图书馆在资源采选工作上变得十分被动。然而,我们可以清楚地看到,由于受连续出版物(尤其是学术期刊)的承载信息范围、受众面等因素的制约,全球学术出版商最主要的销售对象仍是图书馆和科研机构,而非普通大众。所以,图书馆在改进出版商的销售模式和尽可能降低涨价幅度方面应该具有一定的话语权;相应的,对出版商而言,也应在市场的发展中进一步制订出能够带来双赢的定价模式,而不是仅仅抓住学术刊物的垄断地位不放松。

第三节　我国外文连续出版物馆藏建设的保障体系

连续出版物,尤其是学术期刊,是世界各地科研人员了解自身学科领域研究前沿和热点问题的重要信息源,也是科学研究与教学活动的重要研讨园地。它不仅是全球先进科技和文化沟通交流的重要桥梁,还是一个体现国家经济水平、科研水平、创新能力和高校教学水平高低的载体。因此,从国家发展战略的角度,为了能够在全球经济、科技、文化竞争中取得良好成绩,各国都十分重视图书馆连续出版物资源的保障体系及共建共享,希望能以最少的投入来保障各学科领域对连续出版物的需求。

一、外文连续出版物馆藏建设保障体系的现状

我国文献战略保障的历史可以追溯到 20 世纪 50 年代,以国务院颁发的《全国图书馆协调方案》①为主要标志,当时的文化部、教育部、科学院、卫生部、地质部、北京图书馆(现国家图书馆)等若干个机构组成了隶属于国务院的图书馆文献科学规划小组,主要针对外文原版书刊进行协调采购。20 世纪 80 年代后期,各系统图书馆内部也均建立

---

① 张树华,赵华英. 新中国图书馆事业发展的一次浪潮——记"全国图书协调方案"及其协作、协调活动[J]. 中国图书馆学报,2009(3):21-26.

了图书馆协作网络,旨在对外文期刊进行联合采购,降低国内原版外文期刊的重复率,并以当时的北京图书馆为中心,建了全国原版外文期刊联合目录。20 世纪 90 年代末,中国高等教育文献保障系统(CA-LIS)成立。随后国家图书馆召集全国文献信息资源共建共享工作会议,会议上签署了《全国文献信息资源共建共享倡议书》①。21 世纪之初,国家科技图书文献中心(NSTL)、中国高校人文社会科学文献中心(CASHL)相继成立。所有这些机构或会议的成立与召开均有着一个共同的愿景——实现我国的外文文献资源的共建与共享。以国家图书馆、国家科技图书文献中心、中国高等教育文献保障系统、中国高校人文社会科学文献中心等为代表的中国信息资源共建共享体系已具备了相当的规模。

1. 国家图书馆

国家图书馆作为一个综合性、研究型图书馆,除必须履行国家总书库、全国书目中心、图书馆信息网络中心等职能外,还应履行建立外文文献资源保障体系的协作和协调职能。国家图书馆曾发起过几次全国文献信息资源共建共享协作会议。作为发起者和召集者,如何参与外文文献资源体系的建设是国家图书馆馆藏发展需要思考的重要问题。

国家图书馆自建馆初期便开始收藏外文连续出版物,但真正划拨相关采购经费则始自 1929 年②。新中国成立后,随着国家经济的发展以及国家对科学技术的重视,国家图书馆的外文连续出版物馆藏建设曾经历了几个快速发展时期。

20 世纪 50 年代,周恩来总理作了《关于知识分子问题的报告》,随后全国掀起了"向科学进军"的浪潮。图书馆作为科学研究的后勤

---

① 肖希明,仇晓惠.新中国文献资源建设六十年[J].图书馆杂志,2009(7):3-12.

② 任毅军.国家图书馆外文期刊采选工作的调查与思考[J].北京图书馆馆刊,1999(3):11-18.

部门,纷纷开始采取各种措施来保证为科学研究做好服务工作。国家图书馆在此期间订购外文期刊品种数从1955年的1814种上升到了1958年的7873种;80年代,随着改革开放政策的不断深化,国家图书馆外文现刊的收藏一度达到了12 902种;90年代,由于外文期刊价格的逐年增加和经费的相对不足,国家图书馆加强了与专业图书馆、高校图书馆的协调收藏,全部或部分停订由专业图书馆收藏的刊物,例如:与国家专利局图书馆、中国医学科学院图书馆、中国农业科学院图书馆等协调,全部停订国外专利相关的期刊,逐年消减医学、农业等领域的外文期刊,将自然科学、电子信息技术、生物技术、能源技术、航天技术、新材料技术、激光技术和环境保护技术等方面的核心刊物作为采购的重点①。

进入21世纪后,电子连续出版物发展迅速,本着重点服务于科研、教育、生产单位的宗旨,国家图书馆先后共引进外文电子期刊全文库55个,外文电子报纸全文库9个,与外文期刊相关的文摘索引类二次文献数据库21个,涉及外文期刊5万余种、外文报纸1.3万余种。此外,国家图书馆还以国家许可授权的方式采购了爱墨瑞得(Emerald)、世哲(SAGE)和剑桥大学(Cambridge University)三家出版社的全文期刊回溯数据库,三个数据库共计767种期刊,超过115.8万篇文章,凡是国内的非营利性学术机构均可以通过注册,申请免费使用此三种回溯数据库的全文内容。

2. 国家科技图书文献中心

国家科技图书文献中心(以下简称NSTL)是一个虚拟式的科技信息资源机构,主要由中国科学院图书馆、工程技术图书馆(包括中国科学技术信息研究所、冶金工业信息标准研究院、机械工业信息研究院、中国化工信息中心)、中国医学科学院图书馆、中国农业科学院图书馆组成。NSTL建立的目的在于促进我国科技文献信息资源的整合与共

---

① 任毅军.国家图书馆外文期刊采选工作的调查与思考[J].北京图书馆馆刊,1999(3):11 – 18.

享,建设国家科技文献信息资源的保障体系。其成员单位均是国家级的科技文献信息机构,主要以理、工、农、医四大类信息资源为特色,拥有较为丰富的科技文献信息资源。NSTL 资源建设重点为外文科技文献,建设方针为完善印本文献资源基础保障,大力加强电子资源建设,构建数字时代印本与电子资源并举的文献保障体系①。

NSTL 作为国家科技文献的战略保障基地,以引进外文文献为主。其中,印本文献建设主要是印本期刊、会议论文、工具书等,截至 2010 年年底,NSTL 成员单位共采购外文期刊 17 581 种、外文会议录等 9072 种,内容涵盖了自然基础科学、工程技术、农业科学、医学、经济管理与文献学等多种学科,占总购置经费的 69%;电子资源的采购经费占 31%,主要用于国家许可授权和可以永久保存的科技类学术电子期刊为主,此外,NSTL 在推动数据库的集团采购方面也做出了一定的努力和贡献。

为了适应数字时代的发展,构建印本和电子资源协调发展的新型资源保障体系,NSTL 坚持"藏用并举"的原则,在统一采购、削减重复资源的同时,重点加强了结构性缺失的科技电子文献的建设,并面向全国科研与学术开展服务。如前所述,电子资源的补充建设,主要是加强对低使用率和低保障率资源的国家级保障,通过推动"国家授权许可"的模式,促进电子资源的引进和服务。

在国家许可授权方面,NSTL 采购的重点放在了回溯期刊数据库上,同时采购了部分小型学/协会、研究机构和小型出版社的现刊和数值事实型数据。通过国家授权的方式引进国外主要科技出版商的回溯期刊全文数据库,目的是为了弥补早期和特定历史时期重要科技文献的全国性缺失,弥补教育科研机构数字科技文献早期采购的缺失。截至 2015 年 11 月,NSTL 共采购 7 个全国授权的外文回溯期刊全文

---

① 袁海波. NSTL 资源与服务的发展[R].郑州:CALIS 第九届国外引进数据库培训周,2011.

库和50个小型学/协会或出版社的现刊全文库①。

3. 中国高等教育文献保障系统

中国高等教育文献保障系统(以下简称 CALIS)是国务院批准的我国高校"211 工程"规划的文献服务和信息资源保障体系。CALIS 的建立是为了应对经济改革大潮下图书馆经费不足、外文文献价格高涨造成的图书馆购买力下降,文献利用率较低、电子资源对文献获取的冲击,以及各高校图书馆自我保障能力日趋下降等问题。CALIS 的宗旨是利用国家的资金投入、现代图书馆的管理理念、先进的技术手段,同时整合高校现有的丰富文献资源和人力资源,构建以中国高等教育数字图书馆为核心的文献保障体系,达成文献信息资源的共建、共知和共享,使图书馆有限的人、财、物各种资源发挥最大的社会效益和经济效益,服务我国的高等教育②。CALIS 的宏观目标是以系统化和数字化的信息资源作为基础,利用先进的数字图书馆技术,通过中国教育及科研计算机网(CERNET),努力推进图书馆建设的理论创新、制度创新、技术创新与教育服务创新,建立具有国际先进水平的开放式的中国高等教育数字图书馆建设和服务框架,成为我国重要的信息基础设施。其文献资源建设的目标是明确文献保障制度,建立基本馆藏;优化馆藏结构,建立特色馆藏;建立资源的合理共享机制。2010年5月,CALIS 的电子资源集团采购工作单独成立组织,称为"高校图书馆数字资源采购联盟(简称 DRAA)"。

从1998年开始建设以来,CALIS 管理中心牵头引进了一系列国内外文献数据库,包括大量的二次文献库和全文数据库;采用独立开发与引用消化相结合的道路,主持开发了联机合作编目系统、文献传

---

① 国家科技图书文献中心. NSTL 全国开通现刊数据库列表[EB/OL]. [2015 – 11 – 06]. http://www. nstl. gov. cn/NSTL/nstl/facade/exweb/electroicResource. jsp? i = 1.

② 陈凌,姚晓霞. 中国高等教育文献保障系统共享服务及其成效[J]. 医学信息学杂志,2010(1):11 – 15.

递与馆际互借系统、统一检索平台、资源注册与调度系统,形成了较为完整的 CALIS 文献信息服务网络。迄今参加 CALIS 项目建设和获取 CALIS 服务的成员馆已超过 500 家。

在外文连续出版物共建共享方面,CALIS 建设了联合目录项目和引进数据库项目,并主要通过集团采购的方式协调、引导并组织各高校图书馆联合采购其教学科研所需要的各类资源,从而利用最少的经费,获取最优惠的价格、最佳的服务和最符合需求的资源。

4. 中国高校人文社会科学文献中心

人文社会科学的研究方法与自然科学有所不同,其教学及科研主要以文献信息资源为辅助工具,因此有"文献倚赖型学科"之说①。近年来,由于我国"繁荣哲学社会科学"政策的实施与贯彻,人文社会科学研究得以快速发展;另外,高校人文社会科学的教学与科研人员现已达到 35 万人,每年在研科研项目或课题近 10 万个,因此,我国人文社会科学文献的需求量增加迅猛。虽然各高校图书馆的馆藏及学者本人的积累,满足人文社科研究中所需的中文文献尚不成问题,但满足研究所需的外文文献资源却比较困难。由于诸多历史客观原因、资金不足等因素,我国外文文献资源相对缺失,收藏量小,结构不协调。鉴于此,教育部根据高等院校人文社会科学的发展以及文献资源建设的需要,设立了"中国高校人文社会科学文献中心(以下简称 CASHL)"的馆际合作项目,其宗旨是统筹和组织若干所具有人文社会科学学科优势、文献资源优势与服务条件优势的高校图书馆,有系统、有计划地引进国外人文社会科学的文献,并借助现代化的服务手段,为全国高校的人文社会科学教学与科研提供高水平的文献服务和保障。它是全国唯一的人文社会科学外文文献保障体系,不仅能够满足高校教学科研的需求,也将成为全国其他人文社会科学科研单位研究

① 肖珑,燕今伟,关志英.高校人文社科外文资源的布局与保障方法[J].大学图书馆学报,2008(6):2-7.

人员的社科文献的重要获取基地①。

CASHL 文献资源建设的原则是整体建设原则、统筹安排原则、相对集中原则和讲求效益原则相结合。通过建设全国中心、区域中心以及学科中心等三级中心体系,实现高校图书馆之间的文献收藏分工与合作。CASHL 的资源建设标准是全面地、系统地收藏国外权威的学术性人文社会科学印本期刊与电子资源。其中,印本期刊的收藏主要以 SSCI 和 A&HCI 两大引文索引中所收录的期刊为核心收藏内容,同时兼顾高校的教学和科研等其他需求;电子资源的收藏主要以国外权威的、高品质的、学术性全文电子资源为主②。

就 CASHL 目前的文献收藏来看,其文献建设主要集中在法律、教育、文学、经济等人文社科专业的外文资源方面。随着新兴学科的出现以及跨学科研究需求的不断增加,CASHL 应相应地调整学科收藏范围。资源建设的文献类型以印本为主,同时兼顾电子资源、缩微文献的建设;在文献收藏的年代上,印本以现刊、新书为主,并逐步增加网络版的回溯资源;在保存现有文献收藏格局的基础上,有选择地永久保存重点电子资源;在当前英文文献为主的基础上,逐步增加小语种和中文文献。

截至 2015 年 1 月,CASHL 已收藏 22 781 种国外人文社会科学领域的核心期刊和重要印本期刊;2108 种电子期刊。此外,CASHL 还建设了"高校人文社科外文期刊目次库"和"高校人文社科外文图书联合目录",以方便所有 CASHL 用户通过资源共享和文献传递方式获取所需文献。

---

① 刘兹恒. CASHL 是我国信息资源共建共享的成功模式[J]. 大学图书馆学报,2006(5):7-10.

② 肖希明,张新鹤. 构建国家级人文社科文献资源保障与服务体系——《北京宣言》的理念与 CASHL 的实践[J]. 大学图书馆学报,2009(1):8-12.

二、外文连续出版物馆藏共建共享的问题

在政府大量的资金投入和支持下,在全国各地图书馆及信息服务机构的通力合作下,我国的信息资源共建共享工作取得了一定的成果。同时,我们又面临着如何提高资源建设效益、减少重复购置、提高资源流通能力和信息服务水平、提高获取信息能力的稳定性保障、根据动态需求调整资源建设与共享等诸多方面的问题。此外,受我国经济发展和服务理念的影响,加之资源共建共享在各图书馆系统内部和外部环境也有所不同,因此我国的外文文献资源建设保障体系也出现了一些问题,这些问题在一定程度上影响了图书馆资源共建与共享的进程。

1. 传统观念的束缚

我国图书馆界长期以来存在着"大而全"或"小而全"的观念,这直接影响着图书馆之间的合作与协调。改革开放之后,这样的观念正在逐渐淡化,但仍存在一定的影响。部分图书馆担心合作活动会影响到本馆的正常工作,而一些实力雄厚的图书馆则担心合作活动带来的负担可能会多于收益,部分小型图书馆则存在着对大馆的依赖心理。图书馆资源的共建共享就意味着各参与馆要进行一定的分工和协作,其中一些图书馆可能只负责某几类文献的收藏,甚至可能出现与现有馆藏重点相冲突的现象。有些图书馆可能会以本位主义的态度,各自为政,死守自己的馆藏积累,重复购置文献,从而造成文献购置经费的浪费,图书馆资源的共建共享受到阻碍。

2. 发展水平不平衡

我国各地图书馆的发展由于受经济条件等因素的限制,一直以来都存在着发展不平衡的现象。图书馆资源的共建共享本来具有克服各图书馆资源有限的问题、促进图书馆之间的相互交流与学习以及管理与技术知识的流动性等作用,但由于现代信息技术的应用、图书馆先进设备的配置等均需要图书馆投入大量的经费和高素质的专业人才,对于基础好、经费足的图书馆来讲,业务开展得也会更好;而基础

相对薄弱、经费不足的图书馆,则不能充分利用快速发展的现代信息技术,同时由于缺乏相应的资金投入和人才支持,其资源共享网络的建设便受到了很大的限制。因此,这种发展水平的不平衡,极大地影响了资源的共建与共享。

3. 资源的重复建设

我国图书馆的文献资源建设中重复的现象比较严重。通常,重复建设有两种情况:一是同一图书馆内资源建设的重复,这主要包括各图书馆内部纸本文献和电子资源的重复以及不同电子连续出版物数据库之间的内容重复(如 ProQuest 的 ABI/Info 和 EBSCO 的 BSC 之间的重复);二是各图书馆之间引进资源或自建资源的重复。

对于同一馆内资源建设的重复,各图书馆通常需要根据图书馆经费、用户习惯、价格、电子资源提供服务的稳定性和方便程度等诸多因素综合考虑取舍。对于电子与纸本文献的重复,图书馆一方虽然具有一定的取舍权利,但由于出版社方面的制约,例如印本与电子版的捆绑销售、电子版本不保证存档或永久访问等,图书馆有时不得不采取印本与电子资源并存的采购模式。

图书馆联盟中各图书馆资源重复建设的因素也比较复杂。首先是"大而全"或"小而全"等根深蒂固的传统观念的影响。其次是各图书馆相互之间缺乏有效的沟通,各自为政,尤其是不同行政管理系统管辖下的图书馆,相互之间更加缺乏强有力的协调机制,甚至部分行政管理系统内的图书馆人为制造访问屏障,各自形成信息孤岛,造成了我国图书馆资源建设的严重重复。

三、各图书馆系统在馆藏建设保障体系中的职责与分工

联合国教科文组织认为国家图书馆应是图书馆事业的首要推动者,是各类型图书馆的领导,国家图书馆应在全国图书馆工作的各项

规划中起到中心作用①。作为国家图书馆不仅需要履行国家总书库、国家书目中心、国家信息网络中心等职能,完备收藏国内文献;还需要履行文献资源保障体系的协作与协调者职能。

对于中国国家图书馆来讲,作为拥有全中国乃至全世界最大的中文资源馆藏的图书馆,其中文资源的馆藏地位是毋庸置疑的,它不仅承载着中华文化五千年文明知识的积累,同时也为永久保存这些人类的智慧结晶、满足人民获取文献资源的需求而时刻努力着。但是,就外文文献资源的建设来讲,它应如何在现有馆藏的基础上发展并扩大,却是必须要站在国家文献资源保障的高度,与国内现有各图书馆系统、图书馆联盟共同探讨。这不仅要从宏观战略的角度上去协调各图书馆的学科收藏分工,还需要从微观的角度缜密地分析各图书馆用户的不同文献需求以及每种文献资源的保存价值,以期达到多、快、好、省地建立合理的、宏富的、满足用户需求的国家外文文献资源保障体系。

NSTL 作为国家科技文献信息资源的重要战略中心,其基本战略原则即"在国家层面上统筹规划、精心布局、有效地组织全社会的科技信息资源,促进科技信息资源在我国的合理配置与有效利用"。

CALIS 与 CASHL 均属于教育部高等教育机构的文献保障体系,其建设目的明确、服务对象相对固定,主要是通过构建高等教育系统内部的文献保障体系,达成各图书馆或信息情报服务机构之间的资源共建、共知与共享。

在当今的网络环境之下,电子资源数量激增,连续出版物采购价格也呈螺旋状上升,任何一个图书馆均不能够力排诸多因素,建立"大而全"的文献资源库。因此,我们应该从整个国家的利益出发,从国家的立场上考虑外文连续出版物资源的引进与使用,建立国家外文文献资源保障体系。国家图书馆应该在该项工作起主导者和协调者的作

---

① 高红,朱硕峰,张玮.世界各国图书馆馆藏发展政策精要[M].北京:海洋出版社,2010:1 - 3.

用。主导者的作用主要是指通过促进国家立法或促进行政干预,解决横向协调机制不足的现象,促进不同隶属关系下的各图书馆系统通力合作,避免不必要的重复性建设;协调者的作用,主要是指承认一些图书馆的国家级文献资源建设和保障的任务,积极主动将国家图书馆外文文献资源建设的部分功能分配给多家,并主动与这些图书馆建立良好的合作关系,形成体系完整的国家文献资源建设与保障体系。

近年来,我国图书馆界在外文连续出版物共建共享工作中取得的成绩是巨大的,但与发达国家相比较,仍然存在着较大的差距。造成这一局面,既有客观因素,又有主观因素。主观因素主要是指图书馆馆藏发展政策和共建共享目标规划不明确,图书馆追求"大而全"或"小而全"的观念根深蒂固;客观因素主要是指经费投入的不足和现代信息技术应用方面的落后。因此,各图书馆在全国文献保障体系建设的过程中,必须发挥各自的资源优势、资金优势与智力优势,积极参与全国文献保障体系的建设。此外,各图书馆联盟、国家图书馆应积极利用其职能优势,努力利用各种文献采访途径,采集其他小型图书馆无资金或无渠道引进的资源,为全国文献资源保障体系打好坚实的基础。

第四章　外文连续出版物采访的原则、渠道与人员配置

第一节　采访原则

图书馆连续出版物资源的采选,应该在遵循馆藏资源建设总体目标的前提下,以用户需求原则和成本效益原则为基础,将资源利用率和用户信息反馈作为重要依据,运用各种评估手段将全球化信息资源进行细致的甄选。采选时,采访人员应遵循以下原则:

一、价值需求原则

价值需求原则,又称作实用性原则,就外文连续出版物的采选而言,主要是指图书馆所采选的外文连续出版物要符合馆藏资源发展政策、适合图书馆的使命要求、适合图书馆的用户需求。

不同类型的图书馆有着不同的收藏范围和特点。例如,国家图书馆作为国家资源总库,其馆藏总原则是中文求全,外文求精;中文为主,外文为辅;通用性资源外购为主,特色资源自建为主。国家图书馆面向全国,兼顾世界,为中央国家领导机关立法与决策提供文献信息需求和保障,为党政军单位、国内学术研究机构、图书馆界、社会组织和公众提供服务。因此,连续出版物的采集过程也是一个对连续出版物资源与馆藏发展政策和图书馆使命相匹配的过程。适用性原则还要求采访馆员需着眼现在,放眼未来,具有前瞻性。由于连续出版物具有持续出版的特点,因此它的馆藏建设不是一蹴而就的,需要长期积累,应随内外部环境、网络信息的变化而不断变化、充实、扩展和完善;同时,还需要通过补充和整合资源以对馆藏进行更新,以适应未来

的动态需求。

此外,对于外文连续出版物而言,由于其价格相对昂贵,而任何一个图书馆的资源建设经费都是有限的,所以在连续出版物的采购上要实现"投入最少,效益最大"的目标就必须以图书馆馆藏建设重点需要为核心,根据用户需求不断做出调整,充分利用图书馆经费预算。

二、系统性原则

系统性原则主要是指外文连续出版物馆藏在内容和结构上的系统性以及连续出版物采购计划的系统性。

首先,系统性是指图书馆馆藏内容和结构的系统性。任何图书馆的馆藏资源建设都有所侧重,例如,国家图书馆对于海外中国学、法律类义献资源要全面系统地收藏。因此,从宏观的馆藏建设上讲,采访馆员要在馆藏经费预算内,确定各种连续出版物的取舍及各学科的采购比例,这种比例既要依据馆藏结构需求,如学科主题、文献类型、文种、时间等,又要注意馆藏体系内容和结构上的系统性。只有如此才能够确保经过长期积累,形成具有最佳结构和功能的馆藏体系。同时,还要着重注意馆藏特色专题文献资源采集的系统性和全面性。

其次,系统性是针对连续出版物的持续出版而言的,即连续出版物订购的持续性特点。对于图书馆连续出版物的馆藏建设而言,每一种连续出版物的采购都需要谨慎行事,因为一旦确定一种连续出版物的订购后,如果没有客观原因,图书馆就应该持续地订购下去。尤其是学术期刊,它所刊载的内容是持续不断地针对某一个或几个特定领域的内容,通常有其固定的读者,是很多专业人员跟踪学术前沿和热点问题的重要信息来源,一旦停止订购或更换品种,会使信息产生断档,给读者的研究工作带来麻烦。此外,断档的连续出版物,尤其是实体文献,不仅会造成图书馆馆藏文献的残缺,还会给图书馆的编目、典藏等工作带来一定的困难。

三、协调性原则

协调性原则,又称互补性原则,主要是指连续出版物馆藏在建设过程中的工作协调与文献互补。其中包括馆际协调、图书馆各部门之间的协调、文献载体形式之间的协调、文献语种的协调以及与其他采集途径的协调。

受经费和语言的限制,任何图书馆都不可能把全世界出版的所有学科的连续出版物订购齐全,因此,图书馆与图书馆之间应根据馆藏重点的不同,相互形成互补结构的馆藏建设合作。这种合作可以是国家性的,也可以是区域的或是一个系统内的。其目的是充分发挥一个地区乃至是一个国家的整体经济实力与资源建设能力,建立起一个完善的文献资源共享共建体系,通过提升整体的文献资源保障水平来提高个体图书馆的文献资源提供能力,做好本系统、本地区乃至全国范围的资源共建共享。

对于较大型的图书馆而言,各部门之间各司其职,但采访的文献难免有所交叉。国际上的外文连续出版物出版情况较为复杂,例如,部分期刊除以连续出版的形式发行外,偶尔也以单行本的图书形式发行,因此,连续出版物采访部门需要与图书采访部门之间协调,避免重复订购。

随着网络技术的发展,电子资源已经成为图书馆馆藏建设的重要组成部分,因此,电子资源的采访工作需要与传统印刷型文献的采访工作进行必要的沟通与协调。图书馆作为保存和传播人类知识和文明的殿堂,其所有馆藏资源必须服务于所有用户,以促使其目标和任务的实现。电子资源与纸本资源的协调发展正是实现图书馆目标和任务的必然选择。电子资源和纸本文献是图书馆最重要的两种文献,而二者之间肯定存在着交叉和重复,采集时必须注意二者的协调,以避免造成资金的浪费和采集的盲点。

此外,多数图书馆的外文连续出版物采访途径是多样化的,例如外购、交换、受缴、捐赠和托存等。所以外文连续出版物的订购必须与交换、受缴、捐赠和托存的各种采访方式进行协调。

四、权威性原则

权威性主要是指连续出版物内容的价值和质量。其实早在 17 世纪末,德国的图书馆学家莱布尼兹(Gottfried Wilhelm von Leibniz, 1646－1716)就曾提出类似的原则:图书馆需及时地、连续地、均衡地补充和采购具有学术价值的新书刊。这一原则一直影响着历代图书馆员。

图书馆采选的连续出版物首先必须具有较高的学术价值和收藏价值。考量它们的条件主要包括出版商信誉度、编辑水平、同行评审、是否被著名索引文摘数据库收录、期刊影响因子等方面。

第二节　采访渠道

各图书馆的职能与定位决定了其采集途径的不同,但总体而言,外文连续出版物的采访渠道主要分为购买和非购买两大渠道,非购买方式又包括交换、接受捐赠、接受缴送、网络采集、复制文献、托存等。

一、政府采购及其程序

我国于 2000 年和 2003 年先后出台了《中华人民共和国招投标法》和《中华人民共和国政府采购法》。这两部法律规定,各级国家机关、事业单位和团体组织在使用财政资金实施采购行为时,应依法进行招标采购。招标采购体现了公开、公平和公正的原则,它的实施使图书馆文献资源采购市场不断规范化,抑制了图书馆文献资源采购过程中的腐败现象。招标采购引入了竞争机制,代理商因此必须想方设法降低代理成本,为图书馆提供更优惠的价格和更优质的服务。图书馆则可以根据投标情况选择资信优良、服务优质的代理商为自己提供服务,从而提高外文连续出版物的入藏质量。

1. 政府采购的方式

图书馆文献资源采购方式主要包括公开招标、邀请招标、竞争性谈判、单一来源采购、询价及国务院政府采购监督管理部门认定的其他采购方式。

（1）公开招标是指采购人或采购代理机构在报纸、广播、网络等公共媒体上发布招标公告邀请不特定的法人或者其他组织参与投标的方式。

（2）邀请招标是指采购人或采购代理机构用投标邀请书邀请三家或三家以上特定的法人或者其他组织参与投标的方式。其特点是：可以缩短准备期，能使采购项目更快地发挥作用；减少工作量，降低成本，有利于提高工作效率。在采购项目比较复杂或特殊、公开招标与不公开招标都不影响提供产品的供应商数量、采购标的较低、所需时间和费用不成比例时，可考虑此方式。

（3）竞争性谈判是指采购人或采购代理机构直接邀请三家以上特定的法人或者其他组织就采购事宜进行谈判的方式。竞争性谈判采购方式不仅可以缩短准备期，使采购项目更快地发挥作用；还能减少工作量，省去了大量的开标、投标工作，有利于提高工作效率，减少采购成本。此外，供求双方之间的谈判也更为灵活。但是，采用竞争性谈判的方式需符合下列条件之一：招标后没有供应商投标、没有合格标的或者重新招标未能成立的；技术复杂或性质特殊，不能规定详细规格或者具体要求的；采用招标所需时间不能满足用户紧急需要的；不能事先计算出价格总额的。

（4）单一来源采购是指采购人向特定的一个供应商采购的一种政府采购方式。单一来源采购的前提需有下列情形之一：只能从唯一供应商处采购；不可预见的紧急情况；为了保证一致或配套服务从原供应商添购原合同金额10%以内的情形的政府采购项目。

图书馆外文连续出版物的招标工作一般是由采购方通过发布招标公告或邀请必要数量的代理商参加投标，并按照法定或约定程序从中选择出一家或几家外文连续出版物代理公司的采购模式。

2. 招标程序及标段划分

外文连续出版物实施招标采购的工作程序主要包括：确定采购标的(标段的划分)、确定采购方式、建立招标采购工作小组(一般由审计人员、采访人员、财务人员共同组成)、编制采购文件(技术需求和服务标准、投标书商资格、综合评分标准)、发出采购邀请(招标文件、谈判邀请等)、评标(由专家组成的评标小组按照评分标准评标)、公示、公布结果、签订招标合同。

标段划分是采购方本着提高招标质量和效果的宗旨,根据实际工作的需要,将原来属于一个整体的招标项目按照一定的标准,科学地划分成若干个较小的标段,并分别进行招标采购的行为和方法。科学、规范地运用好标段划分的招标采购方式,不仅有助于招标采购方得到质高价廉的采购项目或产品,还有助于供应商充分发挥其专业和技术特长,更有助于采购代理机构提高其采购工作效率等。

招标时,标段划分可以有效地利用各代理商的优势,在降低采购成本的同时还可以提高代理商的配套服务质量。目前,图书馆外文连续出版物采购的标段划分主要有两种方式:

(1)一种连续出版物一个标段,即采购方在符合招标资质条件的代理商中对每一种连续出版物都选择价格最低者中标。它通常是让代理公司将图书馆拟订购的所有连续出版物分别给出综合费率或折扣率,然后采访人员逐一比对价格,从中选取报价最低者中标。这种模式实际上就是按照连续出版物单个品种进行招标,其优点是能够得到相对最低的价格,但过度追求低价格很容易带来代理商服务水平降低的隐患,同时也会增大采访人员的管理难度。通常,订购品种量小的图书馆适合采用此种招标方式。

(2)按出版社、文献语种、出版地、码洋或是否捆绑销售等条件划分标段。对于采购品种量较大的图书馆而言,按出版社、文献语种、出版地、码洋或是否捆绑销售等条件划分标段则是更好的选择。各标段可以按出版社、文献语种、出版地区等划分,并根据码洋的分配来实现平衡。按照出版社划分标段,就是把大出版社单独划分为一个标段;

而对于中小出版社,如果都单独划分标段的话,标段就会过多过细,此时图书馆可将多个中小出版社汇集在一起作为一个标段。按照文献语种和出版地区划分标段,一般是考虑到不同代理商在不同地区的代理优势,以期降低成本并提高配套服务质量。不同代理商的实力、代理采购能力均有差异,特别是代理采购某些中小国家、小语种连续出版物时,代理商采购能力的强弱则会表现得更为突出。为了达到最佳的招标效果,图书馆应考虑到这些因素,在划分标段时可按文献语种或出版地划分标段,这样既有利于降低采购成本,减少代理商标报价的复杂度,也可以减轻图书馆管理代理商的难度。此外,部分出版社为了在外文连续出版物销售中获得更多利润,往往采取将纸质版与电子版捆绑销售的模式。对于纸电捆绑的连续出版物的标段划分,不同图书馆有不同的处理方法,有的采用将纸质版与对应电子版捆绑在一起作为一个标段,而有的则是将纸质版和对应电子版分开招标,两种载体可能会由不同的代理商代理。图书馆应以得到更多的价格优惠和更加便捷的服务为前提来选取划分方式。总之,标段划分既要规范也要有适当的灵活度,只有这样才能获得最优的性价比。

3. 招标原则与评标指标

(1)招标原则

①坚持公平、公正、科学、规范的原则。

②坚持反不正当竞争的原则。

③坚持回避原则,即与招标单位相关领导或者与招标单位主要负责人有亲属关系、经济利益关系的人员,曾任项目主管部门或行政监督部门的人员,或在招标、评标以及其他有关活动中有违法行为而受过行政处罚或刑事处罚的人员,均应予以回避。

④坚持保密原则,即对评标过程和结果以及投标人的商业秘密有保密义务。开标之后,直至授予投标人合同为止,不得向投标人或其他与评标无关的人员透露相关信息。在评标期间,投标人企图影响采购人和评标委员会的任何活动,将导致投标被拒绝,并由其承担相应的法律责任。

（2）评标指标

外文连续出版物招标项目通常采用综合评分法评标，即评标委员会按照招标文件规定的评分指标和标准进行综合评审。以评标总得分最高的投标人作为预中标人的评标方法。评标指标具体如下（表4-1）：

表4-1　评标指标

序号	评分指标		评分标准	分值
	一级指标	二级指标		
1	商务部分（×分）	财务状况（×分）	财务状况良好，近三年无亏损	×-×分
			财务状况一般，近三年有亏损	0-×分
		同类业绩（×分）	自投标截止日期前三年内，投标人独立承担的国外出版社进口连续出版物的服务业绩，每提供1份有效的业绩资料得×分，最多得×分	0　×分
		综合实力（×分）	投标人在行业内声望高，合同履约情况好，综合实力强。评委根据各投标人投标文件中反映的有关情况横向比较，最优者得×分，其余酌情评分	0-×分
2	投标报价部分（×分）		1."过高报价"与"过低报价"认定与处理方法： (1)投标家数不足5家(含5家)时，去除"过低报价"后，对于低于所有投标报价算术平均值K%的投标报价，其得分为×分，K=75。 (2)投标家数多于5家少于10家时(含10家)，去除"过高报价"和"过低报价"后，对于低于剩余所有投标报价算术平均值K%的投标报价，其得分为×分。K=80 (3)投标家数多于10家时，去除"过高报价"和"过低报价"后，对于低于剩余所有投标报价算术平均值K%的投标报价得分为×分，K=85。	0-×分

续表

序号	评分指标		评分标准	分值
	一级指标	二级指标		
			注:(1)"过高报价"指高于所有投标报价算术平均值50%的(含50%)投标报价。"过低报价"指低于所有投标报价算术平均值60%的(含60%)投标报价。将"过高报价""过低报价"去除重新计算剩余报价算术平均值后,不再重复以上环节再次去除剩余报价中的"过高报价""过低报价"。 (2)"过低报价"得×分,"过高报价"无价格得分下限,其价格得分仍采用下述公式计算。 (3)此处投标报价指未被废标且进入打分阶段的投标人的报价。 **2. 价格分计算方法** 计算公式:投标报价得分＝评标基准价/投标报价×30%(其中:预付综合费率权重为15%、后付综合费率权重为15%)×100 高于算术平均值K%的投标报价中的最低报价为评标基准价,其价格分为满分×分。高于评标基准价的投标报价得分统一按照上述公式计算,低于的则参考上述(1)(2)(3)种计算条件计算其得分	0－×分
3	技术部分 (纸本) (×分)	与国外出版社合作经验 (×分)	与国外出版社合作时间长,合作模式先进、成熟	×－×分
			与国外出版社合作时间较长,合作模式较先进、较成熟	×－×分
			与国外出版社合作时间较短,合作模式一般	0－×分

续表

序号	评分指标		评分标准	分值
	一级指标	二级指标		
		连续出版物供货方案（×分）	对采购人馆藏资源建设及采访政策理解准确全面，连续出版物物流和验收登记流程清晰合理，各项指标（到全率等）保障方案完善，拟派人员综合能力强、针对性强	×－×分
			对采购人馆藏资源建设及采访政策理解较准确全面，连续出版物物流和验收登记流程较清晰合理，各项指标（到全率等）保障方案较完善，拟派人员综合能力较强、针对性较强	×－×分
			对采购人馆藏资源建设及采访政策理解片面，连续出版物物流和验收登记流程混乱不合理，各项指标（到全率等）保障方案不完善，拟派人员综合能力不强、针对性不强	0－×分
		服务保障措施（×分）	连续出版物订单发订、过程跟踪、质量检查、送货、退换货等流程中，所能提供的服务及其保障方案有力、合理；具有功能完善、性能稳定的专业化电子商务网站，服务保证措施承诺完善、全面	×－×分
			连续出版物订单发订、过程跟踪、质量检查、送货、退换货等流程中，所能提供的服务及其保障方案较有力、较合理；具有功能完善、性能稳定的专业化电子商务网站，服务保证措施承诺较完善、较全面	×－×分
			连续出版物订单发订、过程跟踪、质量检查、送货、退换货等流程中，所能提供的服务及其保障方案不合理；没有专门的服务网站可提供网络服务，服务保障措施一般	0－×分

续表

序号	评分指标		评分标准	分值
	一级指标	二级指标		
		现场陈述 (×分)	评委根据投标人现场陈述及演示情况横向比较,最优者得×分,其余酌情评分	0－×分
4	技术部分 (电子) (×分)	与国外出版社合作情况 (×分)	与国外出版社合作时间长,合作模式先进、成熟	×－×分
			与国外出版社合作时间较长,合作模式较先进、较成熟	×－×分
			与国外出版社合作时间较短,合作模式一般	×－×分
		电子连续出版物采购实施方案 (×分)	电子连续出版物采购实施方案合理、完善	×－×分
			电子连续出版物采购实施方案较合理、较完善	×－×分
			电子连续出版物采购实施方案一般	0－×分
		服务保障方案 (×分)	根据电子连续出版物采购服务过程中可能出现的问题及纠纷所提出的应对方案情况,方案合理,完善	×－×分
			根据电子连续出版物采购服务过程中可能出现的问题及纠纷所提出的应对方案情况,方案较为合理,较为完善	×－×分
			根据电子连续出版物采购服务过程中可能出现的问题及纠纷所提出的应对方案情况,方案一般	0－×分

续表

序号	评分指标		评分标准	分值
	一级指标	二级指标		
		人员保障方案（×分）	为本项目配置团队的整体知识结构合理、专业背景强，与本项目相关的业务经验丰富	×-×分
			为本项目配置团队的整体知识结构较合理、专业背景较强，与本项目相关的业务经验较丰富	×-×分
			为本项目配置团队的整体知识结构一般、专业背景一般，与本项目相关的业务经验一般	0-×分
		现场陈述（×分）	评委根据投标人现场陈述及演示情况横向比较，最优者得×分，其余酌情评分	0-×分

说明：各图书馆具体指标要求不尽相同，本表格中有关内容的分值均以×代替，仅供参考。

4. 招标需求及相关事务

为了使外文连续出版物采购达到最佳效果，选择具有优良资信、服务能力优异及价格优惠的代理商是招标的关键。由于连续出版物采购与其他文献相比更复杂，因此招标需求及代理商评价与其他文献也有所不同。

（1）投标方资格

投标方应是在中华人民共和国境内（不包括港澳台地区）依法注册的独立法人，并具备《政府采购法》第22条规定的如下条件：具有良好的商业信誉和健全的财务会计制度；具有履行合同所必需的设备和专业技术能力；有依法缴纳税收和社会保障资金的良好记录；参加政府采购活动前三年内，在经营活动中没有重大违法记录，且在当地工商局企业信用查询中无重大违法记录。投标方还应具备《出版物经营许可证》和《出版物进口经营许可证》。

此外,外文连续出版物的连续性特点也决定了代理业务更具有复杂性和特殊性。由于连续出版物的供货渠道、服务网络、售后服务的建立是要经过长期积累才能逐步形成的,因此投标方的代理经验在评估时就显得尤为重要。对投标方进行评估时,其服务业绩占有比较重要的地位,即成熟的连续出版物代理经验是必需的考量因素。为了更准确地做出判断,图书馆应注意收集其他图书馆对代理商的评价信息,这些评价能够从侧面反映出代理商的服务水平,也能看出代理商是否具有专业化的团队来处理图书馆在订购中遇到的问题。

(2)服务要求

首先,代理商应按照采购人资源建设整体要求,根据采购人全面采选、重点采选、适当采选和不予采选的原则,对外文连续出版物情况进行全面调研,定期、及时提供符合采购人要求的连续出版物目录及调研报告,供采购人选择参考。其次,代理商应保证所提供的外文连续出版物符合新闻出版行政管理部门的相关规定,保证所提供外文连续出版物来源于正规渠道,不存在任何法律纠纷。代理商负责对采购人订购的连续出版物进行内容审查,协助采购出版物的权利人完成有关进口的审批、备案工作;确保出版物内容符合新闻出版行政管理部门的要求。

针对纸本连续出版物,图书馆应在订到率、到货率、到全率、配送、信息变更及反馈、催缺与补缺、单册质量、增值服务等方面提出具体的服务需求。

①订到率、到货率、到全率的需求。连续出版物是传递最新科学知识、先进技术及科研动态的主要载体,以文献信息量大、内容新、传播速度快而受到科研人员的青睐,连续出版物的订到率、到货率、到全率是考察图书馆连续出版物馆藏连续性、完整性的重要指标。因此,图书馆在招标需求书及合同签订时必须对以上内容进行约定。

订到率 = 供应商实际订到的连续出版物种数/发订的种数 ×100%

到货率 = 指定时间段内已到货的连续出版物种数/发订的种

数 $\times 100\%$

到全率 = 指定时间段内到全的连续出版物期次总数/订购的期次总数 $\times 100\%$

②配送需求。代理商应该按照图书馆要求将所订连续出版物免费送至指定地点,同时须在包装箱内附发货清单,接收人员在收到代理商送达的连续出版物后,应将数量、质量清点无误后在发货清单上签字验收,避免因中间环节失误而造成连续出版物丢失、破损等情况。由于连续出版物具有很强的时效性,因此图书馆应在招标需求书及合同中约定配送周期,例如约定"每3个工作日至少送货1次"。

③信息变更及反馈需求。连续出版物在出版发行过程中,经常会出现停止出版、暂停出版、合并、变更题名、改变出版频率、转国出版等情况,代理商应及时将掌握此类变更信息并及时反馈给订户,以便订户及时做出调整。

④催缺与补缺需求。代理商应负责订购期间连续出版物的催缺工作,将催缺结果形成书面报告,并定期提供到货统计数据报告,就缺期情况进行解释说明。对于连续出版物在发行或运输过程中出现的漏寄、脱期等现象,代理商应及时采取补救措施,尽最大努力保障连续出版物的完整性。代理商的催缺能力以及缺期的补缺能力应作为对其下一年度续标考核的重要因素。

⑤单册质量需求。文献资源的质量是图书馆服务质量的保证,因此代理商应保证所供连续出版物符合国家关于国外出版物进口的相关标准和规定,保证所供各期次均为正规出版物。当连续出版物某些期次因印刷、装订、污损、缺页等造成质量问题,在运输途中发生损坏,配送期次与订单不符或与发货清单不相符,或由于代理商原因导致重复订购或错误订购等情况时,代理商应无条件退换。

⑥增值服务需求。由于文献加工越来越趋于社会化,一些不需要在图书馆馆域内进行且技术含量较低的加工工作可以在招标需求书及合同中约定由代理商提供,例如连续出版物书目数据的提供以及贴条形码、夹磁条等加工服务。

　　针对电子连续出版物,图书馆应在资源访问权限开通、资源整合、资源使用培训、使用统计数据等方面提出服务需求。

　　①资源访问权限开通与整合的需求。本书所指电子连续出版物主要是通过互联网出版的或允许图书馆本地保存并能够在馆域或所服务地区(或所属行政管辖区)在线使用的电子期刊和报纸等连续性资源。它们通常不占有图书馆的物理空间。就互联网在线连续出版物而言,它们对本地硬件设施的条件需求也很低。因此,在图书馆采购电子连续出版物的过程中,实时跟踪出版商动态、协助图书馆完成合同中规定的访问权限开通、协助图书馆更好地揭示电子连续出版物资源成了代理商、出版商或集成商的重要任务。尤其是图书馆采购的单种电子期刊或报纸,它们通常会分布在不同的资源揭示平台上,代理商、出版商或集成商应及时更新资源平台中所需各种信息,如图书馆联系人相关信息、IP 地址段信息等,以避免造成资源访问中断等故障。

　　②资源使用培训的需求。电子连续出版物的发布大多是以图书馆各自的网站为依托,用户通过图书馆网站中的电子资源或连续出版物模块检索或浏览相应的内容。由于不同用户的知识结构和技能结构会有所不同,不同用户对各种信息的接收能力也略有差异,因此关于电子连续出版物如何使用的用户培训课程十分重要。

　　③使用统计等相关数据的需求。对于电子连续出版物而言,用户使用情况的数据收集要比纸本资源便捷很多。用户使用情况的数据信息量庞大,它对于图书馆进行资源综合评估、了解用户信息需求、规划资源建设及合理调整馆藏建设布局等工作都有着十分重要的意义。因此,图书馆应在招标需求及合同中约定,代理商、出版商或集成商应定期向图书馆提供资源的用户使用统计等数据,协助图书馆对所购连续出版物进行评估。

　　(3)考核

　　图书馆应定期对代理商的服务进行考核。

　　对于纸本连续出版物而言,考核代理商的要点包括:是否及时全面地提供图书馆所需连续出版物目录信息;订到率、到货率、到全率等供货情况是否达标;是否能够按照合同要求及时配送,配送时是否均附有清单,交接手续是否完备;遇有供货错误或破损时,能否及时修改供货数据并尽快给予调换;对于各种变更信息,是否能够及时通知和反馈;是否能够按照图书馆要求定期催缺、提供到货报告;增值服务是否符合要求等。

对于电子连续出版物而言,考核代理商、出版商或集成商的要点包括:能否按照合同要求及时开通连续出版物的访问权限;能否及时处理连续出版物访问平台出现的突发故障;能否按约定提供元数据和对象数据;能否及时提供技术支持和使用统计数据;能否根据图书馆需求定期举行用户培训等。

（4）价格构成与结算

外文连续出版物的价格每年都有一定的涨幅,且平均涨幅通常在6%—8%之间。虽然近年来我国对文化教育事业的资金投入不断增加,图书馆的文献购置经费也随之增长,但文献购置经费的增长幅度通常赶不上连续出版物的价格增幅。因此招标采购是图书馆节约经费、最大限度保障连续出版物可持续性建设的有效方法之一。

外文连续出版物的价格构成主要包括:目录价格（外币价）、汇率、综合费率或折扣率、税率、贷款利息等。价格在招标中占有比较重要的比重,优惠的价格对图书馆来说具有很强的吸引力,但作为图书馆来说,不能只追求低的报价,而应该考虑价格的合理性,只有合理的价格才可能保证其服务质量,否则代理商的服务承诺很难兑现。

图书馆和代理商正式结算时,须由代理商提供结算明细清单,清单应根据图书馆需求全部或部分注明以下信息:中标包号、出版社、户号、刊号、刊名、国际标准连续出版物号、种数、册数、出版频率、币制、出版社原始码洋、结算汇率、折人民币价、综合费率、结算价格、每页清单价格小计及所有清单价格合计等。同时,为区别新订、续订的连续出版物,代理商应分别提供清单或对新订品种做出标识,并向图书馆报送结算明细清单对应的电子文件。

对于图书馆已付款、代理商未给图书馆配送且无法通过专业补刊公司补购的连续出版物,代理商须按照合同标准向图书馆退款,并提供相应退款清单。

5. 招标注意事项

(1)标书制定需科学严谨

以招标方式采购连续出版物的主要目的是以合理的价格引进优质的连续出版物。但在保证价格合理的同时又应从招标需求和合同制定等方面确保招标的质量,因此,图书馆应特别注意在招标需求及合同中明确代理商的服务细则和违约责任,措辞严谨,避免歧义。招标需求及合同除对代理商的到货、价格、服务提出要求外,还应包含各种可能发生争议的细节,明确双方的责任和权利,详细规定违约补偿条款以及弥补措施等,例如,连续出版物到货率达不到要求且给图书馆馆藏建设带来损失时,代理商需要担当什么样的责任等。总之,招标需求及合同条款的科学合理是促使各方认真履行合同职责、保证连续出版物采购质量的关键。

(2)适当控制招标频率

连续出版物的连续性和完整性是图书馆馆藏建设十分重要的指标,因此代理商必须保证图书馆所采购连续出版物的到货率和到全率。然而,频繁的招标往往会造成连续出版物代理商的频繁更换,而不同代理商的订购渠道存在一定差异,订购渠道的调整很容易影响连续出版物的到货,进而会影响到货的完整性。因此连续出版物的招标采购不宜过于频繁,应控制在两年或两年以上为宜。

(3)谨慎选择代理服务商

图书馆在采购外文连续出版物时不能把价格作为唯一的衡量标准,而是需要综合衡量各种因素。实践证明,投标方过低的报价往往会带来服务质量的降低,价格越低就意味着供货商利润率空间越低。当利润率空间小到代理商无法承受时,代理商必然会降低服务标准以降低其服务成本。因此,在招标时应平衡供需双方的利益,将连续出版物的价格定位在合理的范围内。评标时,图书馆应综合考察代理商与国外出版社合作的情况、经营情况、资信度、网络技术水平等因素，将代理商以往代理连续出版物的经验、与其他图书馆的合作情况、服务的态度和质量等作为考察代理商的重要因素。

（4）招标后的履约管理

图书馆采访人员要随时关注代理商履行合同的情况，随时跟进到货、跟踪监督，并定期进行评估。采访人员要加强对纸本连续出版物到货情况的管理，应要求代理商定期提交到货报告，随时提供出版变化信息。当发现代理商未依合同履行责任时，采访人员要及时提醒他们，从而保证连续出版物采购的顺利进行。

在每年续订之前，图书馆应要求代理商严格对照招标合同进行自查，并提交自查报告。图书馆采访人员则应在代理商自查的基础上对其合同执行情况做进一步的核查，形成考评报告，并将考评情况作为代理商下一年度能否续标的依据。

当然，合同履行的质量不只是代理商单方面的责任，图书馆也必须加强自身建设，努力使连续出版物管理更加规范，保证连续出版物的采选、发订信息、到货验收、记到、催缺、补缺等各环节都准确到位。只有这样，图书馆才能更有效地对代理商的履约情况进行监控，保障合同的执行效果。

二、非购买方式

由于各类型图书馆均有着不同的职能与定位，因此非购买方式的文献采集途径也多种多样，较为典型的方式主要包括交换、接受捐赠、接受缴送、网络采集、复制文献、托存等。

1. 交换

出版物交换可以分为国际交换和国内交换两种，对于外文连续出版物而言，尤其以国际交换为重要途径。

国际交换是图书馆等机构补充文献资料不可取代的一种非贸易方式。通过国际交换，能弥补代理商可能遇到的征订目录不全、书目信息来源有限、采购渠道受限、商业不良竞争等各种问题。通过国际交换,图书馆不仅可以较低的成本获得许多高价的外文连续出版物,还可以获得一些采购渠道难以获取的政府出版刊物、学术科研机构出版的非商业刊物。此外,国际交换也是过刊补缺的重要途径,为补充图书馆必要的文献资料提供了一定的保障。

2. 接受捐赠

接受捐赠是指图书馆等机构接受团体或个人捐赠书刊等文献资料的行为。国内外有许多著名的图书馆当初就是在接受了大量捐赠文献的基础上发展起来的。由此可见,接受国内外团体及个人捐赠的文献已经成为世界各地图书馆增益馆藏的重要方式。然而,图书馆接受捐赠的外文连续出版物应有严格的入藏原则,对于珍贵文献和价值较高、数量巨大的文献,除颁发荣誉证书外,经报批后可酌情给予物质奖励;而馆藏已有足量收藏复本或残破严重的捐赠文献则不予入藏。

3. 接受缴送

接受缴送是国内具有法定受缴资格的单位收藏外文连续出版物的重要方式。它是一个国家出版资产的征集、典藏以及提供利用服务的公共政策,是国家文化传承中重要的环节,也是体现自由表达、自由获取信息的一种重要途径。

在我国,呈缴本基本为中文文献,因此接受呈缴首先是我国中文文献馆藏构成的主要渠道。而对于外文连续出版物建设而言,接受缴送则只是作为购买方式之外的一种必要的馆藏补充渠道。随着国际出版集团的不断发展、中外出版机构日益密切的合作、国内出版机构的出版行为日趋国际化、国际版权交易日趋频繁、出版引进与出版走出去格局日益立体化,我国的出版机构与国外出版机构合作或者在国内独立出版的外文连续出版物数量与日俱增。因此,外文连续出版物采访工作不仅不能忽视接受缴送的这部分文献,而且应该形成翔实可行的工作规范和交接制度。具有法定受缴资格的图书馆也应重视此业务的开展。

4. 网络采集

网络文献采集是各类非正式出版物的采选方式之一,也是图书馆采集互联网中免费学术资源的重要方式。互联网中的免费学术资源是图书馆馆藏的重要补充。图书馆应该根据馆藏发展政策的需求搜集和整合互联网中有价值和具有长期保存意义的免费资源，通过整理各种免费的学术资源，建立相应的资源导航系统，方便用户迅速地查找到所需文献。其中，作为外文连续出版物的重要出版形式之一，开放获取期刊也是网络采集的重要目标。

5. 复制文献

复制文献主要是指通过复制方式保存和补充本馆的缺藏文献。复制的方式包括静电复制、照相复制、缩微复制、转录、数字化扫描、网络下载等。对于通过其他采选方式不能获得的早期外文连续出版物，应根据载体类型、保存时间等选择最优复制方式，同时注意知识产权和版权的正确使用。

6. 托存

托存的馆藏方式指图书馆针对一些无力典藏自身重要文献的组织和机构设立的馆藏建设方式，例如联合国、世界银行等国际组织。由于托存所保存的信息资源通常直接来源于各国际组织，因而也更具权威性、系统性及完整性。这些国际组织往往会出版许多连续出版物，例如联合国系统就出版有《联合国年鉴》(*Yearbook of the United Nations*)、《亚太发展杂志》(*Asia-Pacific Development Journal*)、《统计通讯》(*Statistical Newsletter*)等连续出版物，因此争取托存资格也是图书馆增益外文连续出版物馆藏的补充方式之一。

第三节　人员配置

采访工作是图书馆开展所有工作的起点，也是连接图书馆与出版物发行机构、图书馆与用户的重要桥梁，同时还关系着图书馆的未来发展方向。随着互联网技术的不断发展，文献信息的载体和发布形式都越来越多元化，信息来源渠道也多种多样，这给图书馆的采访工作带来了新的挑战。因此,图书馆必须合理配置采访环节的人力、物力和财力资源,保证采访工作的质量和效率。

一、岗位设置与职责

图书馆关于连续出版物采访工作的机构设置大致有两种做法:一是设置专门连续出版物管理部门,即连续出版物的采访、编目、阅览、典藏等管理工作统一由该部门负责;二是将连续出版物采访、编目、阅览、典藏各模块分别拆分到不同的部门,其中连续出版物的采访工作与其他类型的文献采访由同一个部门管理。前者的优点是连续出版物的采、编、阅、藏形成了一条龙的管理模式,有利于各工作模块之间的衔接,整个连续出版物管理流程会十分顺畅;缺点是连续出版物的采访与其他类型文献采访工作相分离,采访信息沟通不便,容易造成文献的缺藏或重复购置。后者的优点是适应目前出版业的发展特点,利于多载体、多类型文献采访的相互协调,使图书馆的采访工作便于统筹兼顾,实现文献采访的一体化;缺点是容易导致连续出版物各管理环节脱节,不适应连续出版物的出版特点,影响连续出版物馆藏的整体管理。因此,图书馆应结合自身实际情况,衡量各机构设置方法的利与弊,采取更加适合馆情的机构设置做法。

事实上,无论图书馆连续出版物管理的机构设置如何,连续出版物采访工作的内容却都大同小异。其中,连续出版物的采访和收登职责肯定是必不可少的。

纸本连续出版物的采访职责主要包括:①全面了解国外出版发行机构,收集其书目信息并进行评价;②做好馆藏调研与分析,掌握用户需求;③统筹计划、合理使用采购经费,根据图书馆馆藏发展政策编制年度连续出版物的采购、交换、受缴等工作计划;④完成年度续订、新刊采选、催缺、补缺、结算等。此外,采访岗位的工作人员还需要随时跟踪连续出版物各期次的到货、出版变化、价格变化等情况,并积极与代理商进行沟通。

电子连续出版物的采访职责主要包括:①全面掌握国内外电子连

续出版物的出版动态,收集信息并进行评价;②做好馆藏电子连续出版物调查分析以及读者需求调查分析;③完成电子连续出版物的使用统计工作,为电子资源的采访工作提供参考依据;④管理电子出版物采选经费,完成电子连续出版物的采访任务;⑤协调与其他图书馆电子连续出版物的共建共享。

收登职责主要包括连续出版物到货的验收、核对、记到和日常催缺等工作。

其中,纸本外文连续出版物的采访工作大多为年度集中订购。集中订购工作一般从5月份开始,10月份基本结束。人员的设置是由图书馆所订购连续出版物的数量决定的。在一些小型图书馆,由于订购数量比较少,通常不置专门的采访人员,因此采访和收登职责都由一个人来完成;而对于大中型图书馆来说,每年的订购量可以达到几千甚至上万种,这种情况下则需要细化工作流程,分别配置采访人员和收登人员。

二、人员素质与要求

随着网络信息技术的发展,人类社会从传统的信息短缺逐渐演变为信息泛滥。信息资源的大量涌现影响了人们利用信息的效率,信息的选择成为人们的负担。图书馆作为保存人类知识的殿堂,主要职责便是收集有价值的信息资源。因此在这种环境下,负责外文连续出版物采访工作的图书馆员自然需要具备特定的知识与技能,才能够胜任这项工作。

1. 良好的职业道德

无论做任何工作,从业者都应具有高度的责任感和事业心,需要爱岗敬业、尽职尽责。对于图书馆采访工作而言,采访人员应根据图书馆采访方针,最大限度地满足人们对图书馆馆藏资源的需求。这是采访人员一切活动的根本出发点和归宿,是采访工作职业道德的本质所在。细而言之,外文连续出版物采访人员作为图书馆员中比较重要的岗位,应具备以下思想品质:

（1）心系馆藏发展

图书馆的职责和使命决定了馆藏发展的方向，也决定了外文连续出版物馆藏建设的基本原则。采访人员必须遵守馆藏发展政策，并以此为原则采选文献。优秀的连续出版物不一定适合某些图书馆的馆藏发展政策，例如影响因子很高的《新英格兰医学杂志》(*The New England Journal of Medicine*)肯定不是一个社会科学图书馆的重点馆藏。因此采访人员需要以"最适合本馆"为前提，选择最好的连续出版物。

（2）心系图书馆用户

早在 20 个世纪 30 年代，阮冈纳赞就提出"书是为了用的""每个读者有其书""每本书有其读者""节省读者的时间"和"图书馆是一个生长着的有机体"这五条定律。前四条都明显地指出了图书馆应以用户为中心的服务理念。近年来许多图书馆也提出了"资源为王、用户至上"的口号，这些都充分说明了图书馆越来越重视用户的需求，体现了图书馆承担社会责任、促进社会发展的作用。但为用户服务仅靠阅览室和参考部门的工作人员是不够的，"资源为王"才是保障用户服务的根本所在。而如何才能使"资源为王"不成为一句空的口号呢，这自然需要采访人员的认真工作。采访人员在工作中要时刻心系图书馆用户的需求，认真、平等地对待每一位用户的意见，实现馆藏资源最优配置。

（3）中立、客观的采选态度

采访人员在文献的选择过程中和采购环节中应该遵守中立原则，即采访人员不应以个人好恶、学术观点和经济利益来决定入藏文献的选择，而应以客观的态度，根据馆藏需求、用户需要、文献自身价值来做出决定。

2. 全面合理的知识结构

当今社会被称为知识经济时代，凸显了知识的重要性，人类对知识的重视更是前所未有。作为图书馆收集信息资源的人员，采访人员拥有的知识尤为重要。具备比较渊博的知识是采选工作的基础。但任何人都不可能掌握无穷的知识,只能有所侧重。因此,采选人员必须要有比较合理的知识结构才能更好地胜任采访工作。

第一,采访人员必须要有一定的图书馆学知识,因为只有具备了图书馆相关知识才能更好地了解本图书馆的性质、任务及资源采选政策,才能更好地掌握图书馆工作的基本技术、规则。

第二,采访人员应该具有广博的知识背景。图书馆外文连续出版物采选岗位不可能设置大量的编制,通常一个图书馆在保有2000—3000种外文连续出版物时才会设置专门的采访人员。如此多的连续出版物品种,自然不能够只覆盖一个或几个学科,很可能要涉及十个甚至几十、上百个学科。因此,只有采访人员掌握了较为广博的知识,才能够更好地把握各种连续出版物所刊载的内容,辨识连续出版物的质量。

第三,采访人员应掌握与出版业及资源载体相关的知识。虽然连续出版物的出版总品种数少于图书,但其发行量、发行期次却远远超过了图书。近年来,国际出版事业发展迅速,这不仅使连续出版物品种数剧增,也使其载体形式更加多元化,其出版发行也出现了新的特点。20世纪后期以来,国际出版业趋于集团化和规模化,连续出版物的分类更加专业化和精细化,学术期刊的办刊方式也更加国际化。跟踪这些变化、特点和规律则是采访人员必做的功课。同时,连续出版物的出版和发行已经进入了一个多载体的时代。各载体的特点、优劣对馆藏建设都有着重要的影响。同一种连续出版物往往有多种载体的版本,采访人员需要对比各种载体的优劣,以确保图书馆能收藏到最合适的文献。因此,掌握与出版业及资源载体相关的知识也是做好外文连续出版物采访工作的必要条件。

3. 良好的信息素养

信息素养是指能够更有效地选择、查找及评估传统或网上资源的能力,是一种对信息社会的适应能力。信息素养的好坏直接影响到人们捕捉、判断和利用信息的能力和效果。简言之,采访人员必须具备良好的信息检索能力、信息辨识和评价能力,才能更好地完成外文连续出版物的采选工作。

信息检索能力历来是图书馆工作人员的重要工作能力之一。图书馆的检索环境目前正从手工检索向计算机检索转变,从前的检索工具也从纸本转变为光盘或网络版。采访人员在做外文连续出版物采选工作时会经常使用一些参考工具,如《乌利希全球连续出版物指南》(*Ulrichsweb Global Serials Directory*)、乌利希连续出版物分析系统(*Ulrich's Serials Analysis System*)、《科学引文索引》(*Science Citation Index*)、《社会科学引文索引》(*Social Sciences Citation Index*)、期刊引证报告(*Journal Citation Reports*)等。这就要求采访人员具有较强的信息检索能力,能够通过选择恰当的策略和检索步骤快速全面地查找到所需信息。

此外,由于目前全球在发行中的连续出版物至少有 36 万种,而如何能够从如此之多的种类中选取适合本馆馆藏发展的品种,则需要采访人员对他们所检索到的信息做出比较准确地、批判性地评价。因此,良好的识别、评价信息能力就成为采访人员必备的素质。

4. 其他相关的技术与能力

从事外文连续出版物采访工作的馆员除具备以上职业操守和知识背景外,还需要掌握一些特殊的专业技术和能力。

首先,由于采访对象是外文连续出版物,因此采访人员必须具备一种或几种外语(尤其是英语)的听、说、写和阅读的能力。在外文连续出版物采访的相关信息获取中,绝大多数信息的原始语种都是外语,尤其是英语。在全球信息资源所使用的语言中,英语处于绝对强势的地位,因此它也是图书馆工作中应用最多的外语语种。如果不掌握外语,就无法了解国际上最新的学术发展动态,无法与国外进行交流。外语的阅读分析能力对采访人员尤为重要。拥有较强的阅读分析能力,才能从中得到有用的、重要的信息。

其次,由于计算机和网络已经渗透到人们日常生活中的方方面面。具有利用计算机和网络的基本技能已成为人们日常工作的基本要求。图书馆的集成系统就是利用了计算机和网络技术。虽然采选工作是图书馆业务工作中技术应用相对较少的环节,但目前也在向计算机、网络技术发展。采选过程中的经常遇到的信息检索更是离不开网络。此外,日常办公、对外联络、交流等几乎都可以利用计算机与网络完成。对于计算机与网络技术,采选人员不一定要知道其背后的原理,但一定要学会应用。只有这样,才能够分享技术进步带来的好处,才能赶上快速发展的时代。

再次,人类社会一直在不断发展变化,采选人员所接触的知识信息总是在不断地更新。要想做好采选工作,采选人员必须不断地学习,掌握接受新生事物和应用新技术的能力,因为知识的老化与技能的更新随时都可能发生。

最后,采访工作是一项复杂的智力活动,既需要工作经验的积累,又需要对遇到的问题进行思考。经验积累到一定程度时,还需要采访人员加以总结、提升自己的思考结果。这就要求采访人员具备一定的科研能力。科研过程本身既是一个使日常积累的知识、经验得到升华的过程,也是一个继续学习的过程。在选题、查找资料的过程中,人们会对某个主题的研究概况做比较详细的了解,接触到比较丰富的相关知识,也会引发更多的思考,形成科研与自身素质提高的良性循环。

采访工作中,这些技术与能力虽不具有决定性因素,但它却是做好采访工作的重要保障和工具。

三、资源建设专家委员会

连续出版物与图书相比,其明显的特点是出版周期短、内容新颖、信息量大、时效性强。其中,连续出版物中最具代表性的期刊和报纸早已成为现代社会在科学、政治、经济、文化等领域报道最新成果和最新动态的重要媒介。为了保证外文连续出版物的采访质量,各图书馆中负责此项工作的馆员多由业务能力强、信息素养高、知识结构全面的高级馆员担任。即便如此,由于全球出版的学术期刊近 14 万种,并且连续出版物是连续出版的,图书馆在增加或减少连续出版物品种时需要做长远考虑,所以采访人员本身并不能完全把握各学科领域的馆藏发展方向。

　　资源建设专家委员会是一个专门负责文献采选推荐、审定工作的组织,能够更加有效地保障图书馆文献资源建设的质量。通常,专家委员会成员来自于采访部门之外。在高校图书馆,专家委员会成员多由各学科知名教授担任;在科研机构图书馆,则多由各学科资深研究人员担任;在公共图书馆,则通常由图书馆聘请各学科的专家担任。这些专家既掌握有特定学科领域最前沿的专业知识,又同时是这些文献资源的用户,因此,他们的决策既包含了相关学科最专业的意见也体现了用户的需求。资源建设专家委员会的集体决策能够弥补图书馆自身专业知识的不足,在外文连续出版物采访工作中起到了十分重要的作用。

第五章 外文纸本连续出版物采访流程

不同图书馆对于连续出版物采访工作的机构设置可能会有所不同,既有将连续出版物的采访、编目、阅览、典藏等模块划归同一部门管理的情况,也有将各模块分别拆分到不同部门的情况。但是,无论采用哪种机构设置模式,外文纸本连续出版物的采访流程都大同小异,其基本采访流程可参见图 5 - 1。

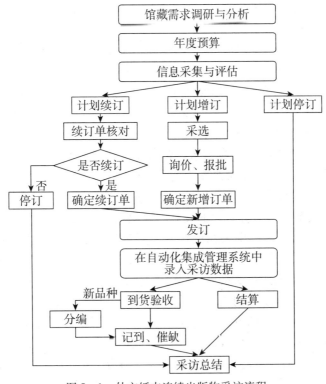

图 5 - 1 外文纸本连续出版物采访流程

第一节 馆藏需求调查与分析

一、馆藏调查与分析

图书馆外文连续出版物的收藏体系一般是经过多年积累的结果，所以采访馆员在掌握所在图书馆馆藏发展政策的同时还要熟悉图书馆的连续出版物收藏历史，了解连续出版物建设的发展脉络、馆藏范围、收藏重点、收藏特色、收藏方向等，并以此做出连续出版物的建设方案。开展馆藏调研可以从两方面入手：一是馆藏发展政策的延续与变化；二是馆藏历史与现状，即历年连续出版物采访的经费分配、品种、学科分布等。

馆藏发展政策是图书馆资源建设的重要依据。通常图书馆馆藏发展政策是指图书馆对于馆藏资源的评价、选择、采购、使用、维护、保存等方面的一系列原则、标准和规定。它是图书馆馆藏建设和发展的指导性文件。建立馆藏发展政策有助于图书馆以科学的、合理的方式和方法建立电子资源馆藏体系，平衡图书馆各类型馆藏的发展，满足用户的现实和潜在的信息需求。馆藏发展政策是一个综合的概念和体系，其内容主要包括文献资源的采访原则与方式、经费分配政策、馆藏发展目标与规划、馆藏管理政策、馆藏开发与利用政策、馆藏保护政策、剔除政策等。随着时代的发展与社会的进步，图书馆用户的需求也会随之发生变化，图书馆的馆藏发展政策也会因此而做一定的修订。熟悉图书馆本身的政策演变历史以及现行的发展政策有助于采访馆员理解目前的馆藏格局是如何形成的。

馆藏历史与现状的调查实际上是一个摸家底的过程，主要包括馆藏数量和馆藏质量两方面的调查工作。馆藏数量调查，即调查外文连续出版物文献的收藏总量，包括外文连续出版物在图书馆馆藏文献中所占的比例、各种核心出版物的收藏数量比例、馆藏流通量、是否存在复本等。馆藏质量调查，即主要从图书馆馆藏整体的科学价值上考虑,包括各学科外文连续出版物的入藏比例、馆藏政策所划定的重点学科核心出版物收集的完成程度、用户需求的满足情况等;尤其应针对上一年度订购的连续出版物的利用情况进行调查,并据此分析是否有误订、漏订等。

在这个过程中,采访人员能够清楚地勾勒出各历史时期图书馆在外文连续出版物采购上的经费分配情况、收藏品种、学科比例、语种比例等详细的馆藏状况。这不仅可以使采访人员对馆藏状况有一个清楚的认识,还可以发现各时期图书馆对连续出版物的重视程度乃至是各时期的采访人员对馆藏政策的理解程度。

二、用户需求调研与分析

图书馆馆藏建设的重要目的就是最大限度地满足用户对文献的需求。因此连续出版物采访调研过程中对用户需求的分析是必不可少的。不同类型的图书馆有着不同的用户群体,例如高校图书馆的主要用户是本校师生与科研人员,而公共图书馆的用户则是一个相对松散的综合性群体。不同的用户群体对文献的需求不同,因此,不同图书馆的馆藏建设也不尽相同。此外,在不同的时期和阶段,图书馆的用户类型以及需求都会发生一定的变化,这就要求采访人员时刻关注并了解他们的需求,并根据用户需求修订采访方案。了解用户需求的方法主要有以下几种:

1. 调查问卷

根据采访工作需求制作调查问卷,通过分析问卷结果了解用户的需求。为使调查结果更加准确地反映出具有普遍性的用户需求,所采集的样本要尽量多一些。

2. 用户座谈会

根据用户的不同文化层次,分别召开不同层次的用户座谈会,比如到馆读者座谈会、专家座谈会等。这种面对面的交流可以更加深入地了解用户的意见和需求,但这种方法的缺点是不能大范围地与用户交流,形成的用户需求结果往往会与用户的普遍性需求有所偏差。

3. 用户推荐单

图书馆的用户一般对自己所在研究领域的现状和发展方向以及国际上出版的本专业的重要连续出版物都有一定的了解。通过让用户填写推荐单的方式可以具体地了解到用户所认为的高质量的学术期刊,并作为订购的重要依据。

4. 文献流通和使用统计分析

对某一时间段内用户使用连续出版物的情况进行统计,从中分析图书馆用户对现有连续出版物的利用率以及各学科文献资料的利用情况,为连续出版物的续订和新订提供依据。但由于很多图书馆都采用开架阅览的形式,这些统计数字一般很难获取。电子连续出版物的出现,在某种程度上解决了图书馆员对用户使用情况的统计难题。当前的学术电子连续出版物平台多具有规范的使用统计功能,图书馆的网站与资源整合工具也具有一定的资源利用统计与分析功能。电子资源利用率的高低在一定程度上反映了用户对图书馆资源建设的认同度,能够对图书馆进一步的资源建设提供依据。近年来,随着图书馆对电子馆藏的重视,图书馆外文电子连续出版物的收藏也逐渐增加,电子馆藏的使用统计也逐渐在连续出版物采访中发挥了重要的作用。

用户需求调研与分析不仅是数据收集、分析和处理,它更重要的作用是作为评估资源建设合理性的重要指标。通过对文献流通和使用数据的分析,图书馆可以更加深入地了解用户信息需求,从而更好地规划资源建设方案、调整馆藏资源布局。

三、共建共享调查

相对于其他类型的文献而言,外文连续出版物的价格较高,尤其是学术期刊,单品种年度订购价格往往超过万元,甚至高达十几万元。此外,连续出版物的年度涨幅也相对较高。学者丹妮尔·杰斯克

(Danielle Jursk)①曾经做过统计,1999 年学术期刊涨幅曾高达 11.3%,2009 年也曾达到过 10.5%,即使是 1990 年至 2013 年之间的平均涨幅也达到了 7.2%。由此可见,发展馆际合作,实现图书馆资源的共建共享是信息时代图书馆事业的发展趋势,这同样在一定程度上可以缓解连续出版物的价格高企和图书馆购买力相对下降之间的矛盾冲突。

共建共享调查主要是指调查与本图书馆有共建共享关系的图书馆的馆藏情况,例如馆际互借和协调采访关系密切的图书馆或信息机构、馆藏学科领域相同或相关的机构等。采访人员需要了解此类图书馆及信息机构所收藏的外文连续出版物是否可为本馆所利用。尤其是那些价格相对较高、本馆用户需求量不高的外文连续出版物,采访人员更需要积极与其他图书馆合作、相互协调采访,以节省采购经费。

第二节 经费预算与分配

图书馆的馆藏资源建设经费是有限的,而图书馆用户对于资源的需求却是无限的。用户需求的无限性与经费的有限性是一对永恒的矛盾。因此,每个图书馆每个年度都会面临经费使用的分配问题。每个图书馆进行经费预算与配置时都需要考虑如下几个方面的问题:经费来源、分配原则、分配方案、预算决策等。

一、图书馆馆藏建设经费的来源

图书馆馆藏建设经费是图书馆运行经费的重要组成部分,在图书

---

① Jursk D. 2013 Study of Subscription Prices for Scholarly Society Journals[EB/OL]. Allen Press[2015 – 07 – 06]. http://allenpress. com/system/files/pdfs/library/2013_AP_JPS. pdf.

馆的经费中占有重要的地位和比例。不同类型的图书馆,经费来源一般各有不同。目前,我国图书馆、信息情报机构的馆藏建设经费大致有几个来源:[①]

1. 国家、地方财政拨款

公共图书馆作为社会公益性的非营利单位,其经费多由中央或地方政府全额拨款,特别是国家级图书馆和省级公共图书馆更是如此。

2. 政府专项资金

科研机构和高校图书馆的馆藏建设经费,则多由政府划拨的专项文献购置经费支持。

3. 单位事业及科研经费

各企事业和科研院所、学校根据本单位本系统的工作和学习需要,也会拨出一定数量的事业或科研经费支持图书馆馆藏建设,以满足本单位科研、文化学习的需要。

4. 各界捐赠

为了弥补馆藏建设经费的不足,图书馆还会想方设法广开财源。接受捐赠就是重要的渠道,国内不少高校图书馆都曾接受过一些社会知名人士的捐款。虽然目前我国还没有法律法规来支持、鼓励捐赠行为,但随着国内经济的发展,有关部门应研究出台相关政策鼓励有能力的个人或团体积极捐助图书馆事业,并给予捐赠人一定的政策优惠和扶持。

5. 自筹资金

有些图书馆在馆藏资源的深层次开发利用和有偿服务上取得了较好的经济效益,在一定程度上可以补充馆藏建设经费的不足,提高了图书馆自身的造血功能和可持续发展的自身动力。

---

① 朱硕峰,宋仁霞.外文文献信息资源采访工作手册[M].北京:国家图书馆出版社,2014:112－113.

二、外文连续出版物采购经费的编制

1. 连续出版物采购经费的分配原则

为保证馆藏建设尽可能小地受经费问题的干扰和影响,图书馆应尽量确保各种文献资源入藏的稳定性、延续性和完整性。因此,如何科学合理地分配馆藏建设经费,使其发挥最大的效能,就成了图书馆管理人员和采购人员共同面对的问题。

无论何种类型的图书馆,用户的需求往往都会超出图书馆馆藏建设经费的购买力。因此,图书馆在做预算分配时,第一步应先确定连续出版物经费预算占图书馆馆藏建设总经费的比例。如果没有这个比例的限制,外文连续出版物的经费比例将会逐年增大。除确定经费比例外,图书馆在外文连续出版物的采购经费分配上还应遵守几个原则:

①重点优先原则。连续出版物采购经费的分配要与馆藏发展规划相一致,因此,首先要保证图书馆馆藏发展政策中所确定的核心资源或全面采选、重点采选资源的经费。

②合理分布原则。在保障图书馆核心资源的前提下,兼顾各学科领域资源的平衡,兼顾馆藏资源的深度、广度和通用性,以免造成图书馆各学科布局的失衡。

③满足需求原则。满足用户需求是图书馆馆藏建设的出发点,除在重点优先原则和合理分布原则指导下满足用户信息资源的需求外,还需要综合分析用户需求,对利用率高的刊物所在学科领域或所属载体类型的资源予以优先考虑。

④协调互补原则。除考虑连续出版物与图书等其他馆藏资源的互补外,还需考虑连续出版物各载体类型之间的协调互补。同时,避免资源的重复采购,节省馆藏建设经费。

2. 连续出版物经费编制的参考因素

由于连续出版物自身的特殊性,图书馆在进行采购经费分配时一般会考虑如下几种因素:

①价格涨幅。连续出版物具有连续出版的特征,因此其每一年度的订阅价格较上一年度通常都有一定的涨幅,该涨幅主要受编辑、印刷、系统维护等成本以及刊期变化的影响。因此,为了保证连续出版物订购的连续性和完整性,图书馆通常都不会随意增、停连续出版物的品种。在进行年度经费预算时,价格的涨幅是图书馆必须考虑的重要因素。

②汇率变化。外文连续出版物的价格组成主要有外币价、汇率、手续费率等,其中汇率的变化对外文连续出版物的价格会产生较大的影响。当人民币升值时,可能会抵扣掉连续出版物价格的涨幅,使得其人民币价格保持相对的稳定;而当外币升值时,则有可能导致其人民币价格猛增,从而致使订购经费紧张。因此汇率变化也是必须考虑的因素。

③代理商的选择。在我国,外文连续出版物的订购主要是通过具有出版物进口资质的代理商代购。不同的订购渠道、不同的订购规模、不同的折扣率都会造成期刊价格的不同。因此代理商的选择也是图书馆必须考虑的因素。

3. 结合本馆经费情况合理编制预算

采访人员在做外文连续出版物采购经费的预算编制时,还需要对图书馆建设总经费有大致的了解。这是因为,每个图书馆都会根据馆藏发展政策对不同文献类型的经费分配制定一个大致的比例。只有掌握这个比例,才能够更加准确地预估预算年度可用经费的额度。

经费的多少直接关系到连续出版物订购品种的数量。如果经费充足,图书馆可以根据需求增加连续出版物的订购品种;如果经费减少或持平,则意味着图书馆需要削减连续出版物的品种。一般而言,图书馆连续出版物的采购需要具备连续性,即无特殊情况不能随意停订。但是,连续出版物的价格每年都会因印刷费用的上涨、收录内容的增加、运输成本的增加等因素而产生一定的涨幅,因此采访人员在编制预算时必须了解连续出版物的定价模式和价格上涨因素,并根据多年的采访经验预估合理的经费涨幅,否则就会出现采购经费不足或过多的情况。

三、预算决策

1. 决策成员

通常,资源建设经费预算和配置的决策是团队决策。小型图书馆的经费预算和配置的决策一般由馆长或主管资源建设的副馆长负责召集人员讨论决策方案;大型图书馆一般有专门的人员负责,相关负责人需要召集具备一定专业知识和实践经验的采访专家、学科馆员讨论经费的预算和配置方案,同时报主管资源建设的馆长/副馆长批准;有的图书馆成立有资源建设专家委员会,这是一个专门负责文献采选推荐、审定工作的组织,因此也有责任对馆藏资源建设的经费配置提出意见。

2. 决策依据

决策成员收到经费预算编制方案后,应根据图书馆所收集的各种数据对预算编制方案进行系统地分析,并做出最终决策。决策前,图书馆应该收集的数据主要包括:上一财政年度的经费数据,下一年度总经费的预估数据,上一年度或前几个年度的文献利用数据,各学科领域的馆藏级别、馆藏比例,不同载体形式的比例,文献重复情况,用户类型等。

第三节　信息采集与评估

所谓信息采集,主要是指图书馆在新增连续出版物品种时通过各种渠道搜集的相关信息。信息采集的途径主要包括收集征订目录、出版社新刊介绍、读者推荐单等信息来源。图书馆对于连续出版物的评估则不仅存在于新增品种的环节中,续订、停订、补订等环节均需要对连续出版物是否适合馆藏需求进行评估。因此,对于连续出版物的采访而言,无论是增加经费还是缩减经费,每一年度的经费变化都会增加相应的工作量。

一、信息采集

1. 目录信息采集

（1）征订目录

外文连续出版物的征订目录主要分为两大类，一是原版进口的外文连续出版物目录，二是国内出版的外文连续出版物目录。

原版进口的外文连续出版物征订目录是由有国家授予外文原版文献进口资质的公司制作，根据图书馆的采购需求向图书馆提供的连续出版物目录信息。由于受国家进口授权的限制，目前具备外文报刊代理商资格的公司并不多，在我国约有几十家，主要有中国图书进出口（集团）公司、中国教育图书进出口有限公司、中国国际图书贸易集团有限公司、北京中科进出口有限责任公司等①。其征订目录通常为年度更新，以汇集成册或以电子版的方式向图书馆提供。其中，中国图书进出口（集团）公司的《外国报刊目录》不仅是一本征订目录，并且已经成为一套系统报道国外期刊与报纸、被国内图书馆界公认的权威性工具书，共收录185个国家和地区的7万余家出版社的连续出版物，涉及50余种语言、20多万种报刊，几乎囊括了世界上各主要出版社的所有的重要期刊和报纸。目前，《外国报刊目录》除每年出版光盘版外，还拥有实时更新的网络版。

（2）出版社信息跟踪

出版社信息跟踪是外文连续出版物信息获取的重要渠道。国外连续出版物的出版社按商业模式主要分为营利性和非营利性出版机构。营利性出版机构主要为商业出版社，非营利性出版机构主要为学/协会出版社、大学出版社、政府机构的出版部门等。国外连续出版

---

① 经总署年检、核发了出版物进口经营许可证的出版物进口经营单位名单［EB/OL］.［2016－01－11］. http://www. gapp. gov. cn/dwjlhz/dwjlhz_old/contents/3646/141287. html.

物的出版已经形成了成熟的市场机制,其出版模式与国内连续出版物出版模式有着较大的区别。目前,我国的连续出版物的出版主要以新闻出版总署或地方新闻出版署(局)审批、各主管单位负责、编辑部自行编辑出版发行为方式进行。而国外的连续出版物出版模式是内容由编辑部负责,其他的出版、发行、销售任务均由编辑部所属出版机构统一负责,形成了较大规模的连续出版物出版体系。以商业出版社为例,爱思唯尔(Elsevier)公司 2013 年出版的现刊品种数为 2871 种[①],施普林格(Springer)公司 2013 年出版的现刊品种数也高达 2828 种[②]。此外,一些学协会或大学出版社,其期刊出版数量也有几十或几百种不等。例如,剑桥大学出版社 2013 年出版的现刊品种数为 256 种[③]。部分连续出版物在不同出版机构之间的转出和转入也成为常态。因此,跟踪出版社的信息不仅是获取新发行连续出版物出版信息的重要渠道,也是获取连续出版物停刊、合并、分出、转社出版等信息的重要渠道。

(3)用户推荐

图书馆馆藏建设的一个重要目的就是满足图书馆用户的信息需求,因此,用户的反馈是馆藏资源建设的重要参考依据。

(4)其他工具

除以上信息获取渠道外,采访人员还可以通过许多其他渠道获取连续出版物的信息,如国际连续出版物指南、重要的索引或引文工具等。

最为著名的国际连续出版物目录当属《乌利希全球连续出版物指南》(*Ulrichsweb Global Serials Directory*)。该指南是 ProQuest 公司旗下连续出版物解决方案(Serials Solutions)部门出版的世界上最著名的连

---

① 数据来源:https://www.elsevier.com/journals/title/all。

② 数据来源:http://link.springer.com/search? facet-content-type = "Journal"。

③ 数据来源:http://journals.cambridge.org/action/stream? pageId = 4820&level =2。

续出版物目录,该目录产品迄今已经有80年的历史,是一种收录世界各国连续出版物比较全面的工具书,曾有印刷版和光盘版出版,目前主要以网络版的形式服务于图书馆和相关机构。截至2015年6月,该目录共收录各类型连续出版物73万种,其中在发行中的品种约36万种。该平台可以按学科主题、出版国、出版语言等进行分类,用户可以从不同的检索点查找所需信息。

在我国,研究人员使用率较高的外文文摘索引或引文工具主要有Web of Science引文索引平台(期刊部分主要包含科学引文索引(SCI)、社会科学引文索引(SSCI)、艺术与人文科学引文索引(A&HCI)、期刊引用报告(JCR)等工具)、Scopus、工程索引(Ei)、化学文摘(CA)、MEDLINE等专业类文摘索引数据库。

2. 其他需要跟踪的信息

(1)连续出版物的出版动态

现代社会飞速发展的同时,信息资源的数量也急剧增长。在这种环境下,出版业呈现出出版量大、载体形态多元化、内容交叉、时效性强等特点。连续出版物的创办、停办、题名变化、合刊、分刊等情况也频繁发生。此外,受出版社并购的影响,部分出版社的出版风格和特点也发生着变化。为更好地做好采访工作,采访人员需要及时了解这些出版动态和特点,掌握出版业的发展规律。

(2)纸本与电子连续出版物的出版发行关系

连续出版物的载体形态经过若干年的发展,逐渐由纸本形式向数字化及原生网络连续出版物的形式发展,并形成了一定的规模。与纸本形式相比,电子形式具有传播速度快、检索平台功能强、存取灵活、交流方便等优势,因此与纸本形式一并成为图书馆重要的文献资源,并有逐渐取代纸本形式的趋势。受此变化的影响,连续出版物的采购模式也已不再限于纸本形式的购买,而是产生了从"纯纸本→纸本+免费网络版→纸本+附加一定费用的网络版→按回溯卷期定价的纯网络版→分级定价的网络版和针对各个订阅户定价的网络版"的演变。尽管电子资源代表着未来的发展方向,但就目前的馆藏结构来看,它还不可能完全取代纸本连续出版物,多数图书馆的纸本连续出版物仍是收藏的重点。电子和纸本连续出版物形成了相互依存、相互补充的状态,这种并存的状态给采访人员的采选工作增加了难度。

通常,出版社在销售同一种连续出版物的纸本和电子版本时,会采用几种模式:一是分别报价,即允许图书馆单独订购一种载体类型或纸电一起订购。通常,单独订购纸本或电子连续出版物时,两种版本价格相当,其定价模式多基于纸本价格;如果纸电一起购买时,出版社则会以其中一种版本的价格为基准,再加收另外一种版本的内容费或印刷附加费。二是订纸本送电子版或订电子版送纸本。订纸本送电子版或订电子版送纸本是许多出版社推广其电子连续出版物的销售策略,在出版社的用户数量达到一定程度后,他们大多会取消这种优惠政策,改成上述第一种模式。三是纸本与电子版捆绑订购,即出版社不单独销售其连续出版物的纸本或电子版而是将二者打包销售。一些出版公司甚至以连续出版物集合的形式向图书馆提供采购方案,订购合同有效期内,出版商不允许图书馆减少订购品种或订购额;更有甚者,有些出版社规定,除了不能停订已订购品种外,图书馆还必须达到出版社规定的贸易额年度涨幅;当下一年度连续出版物的自然涨价幅度低于贸易额年度涨幅时,图书馆必须增订新品种补齐差额;只有这样图书馆才能以优惠的价格获得相应电子连续出版物的使用权。

在采选连续出版物时,采访人员须充分了解出版社所提供的各种销售模式。只有这样,图书馆才能够合理地利用有限的资源建设经费,采购更多、更适合图书馆馆藏发展政策的连续出版物。

二、评估

1. 新增连续出版物的考虑因素

连续出版物采选的质量直接影响到图书馆馆藏的质量,而全球出版的外文连续出版物又如此之多,采访人员要从如此海量的信息中选出最适合本馆馆藏政策、最大限度满足用户需求的品种,还必须综合考虑以下各种因素。

（1）科技发展现状与趋势

采访人员应随时关注世界科技的发展动态和趋势，了解不断出现的新学科、新理念。由于采访人员受自身知识结构的限制，不可能掌握所有领域的专业知识，因此，这就需要采访人员通过各种渠道，特别是利用互联网技术来搜集和查找相关的前沿信息。只有通过各种渠道了解各学科领域的新知识和前沿信息，采访人员才能更准确地选好每一种连续出版物。

（2）出版机构

采选人员可根据连续出版物所属出版机构的出版水平来判断其质量。一些国际性的学术团体，如科学院、学/协会、高等学校等，出版的学术期刊一般都具有较高的学术水平，代表了各自研究领域的最高研究水平和最新研究进展。另外，一些比较知名的出版社，如施普林格·自然（Springer Nature）、爱思唯尔（Elsevier）、约翰威立（John Wiley & Sons）等出版社都有各具特色的核心期刊出版，他们所出版的部分学术性期刊是世界公认的核心出版物。因此在选择连续出版物，尤其是学术期刊时，出版机构的知名度和权威性也是考虑的因素之一。

（3）出版地

每个国家或地区在连续出版物出版方面都有其自身的特点。在进行连续出版物采选时，采访人员应该考虑这些国家或地区的区域特点，采选更加合适的连续出版物品种，比如美国、日本出版的科技发展迅速，法国、意大利等欧洲国家在文化、艺术等方面独具特色等。

（4）期刊影响因子

影响因子（Impact Factor，简称 IF）是美国科学信息研究所（Institute for Scientific Information，简称 ISI）期刊引用报告（JCR）中的一项数据，即某期刊前两年发表的论文在这两年中被引用总次数除以该期刊在这两年内发表的论文总数。这是一个国际上通行的期刊评价指标。由于它是一个相对统计量，所以可较公平地评价各类期刊。从期刊所收录文章的被引用情况可以了解期刊的质量。被引用的次数越多说明这种期刊的参考价值越高，进而说明该期刊的质量也相对较高。

（5）采购模式

为了提高销售量和利益最大化，许多出版社会向图书馆提供捆绑优惠、集团订购优惠的采购方案。这些订购方式可以使图书馆使用较少的经费获取较多的文献资源，为了节约经费，采访人员应该注意此类信息的搜集。

（6）纸本与电子连续出版物的协调

连续出版物载体形态的发展变化致使图书馆必须考虑纸本与电子连续出版物的协调建设。各图书馆应根据自身情况，参照各种因素制订出科学合理的收藏比例和原则。对于既有电子版又有纸本的外文连续出版物，图书馆应根据具体情况考虑只订购一种版本，尽量避免重复订购。然而，在实际采购中，许多出版商对于旗下所出版的学术期刊采用捆绑销售的模式，即电子期刊与纸本期刊捆绑销售的模式。因此，采访人员在订购纸本连续出版物时必须注意同一出版社电子资源采购协议中对其旗下纸本连续出版物的订购是否有相应的约束条款。

（7）代理商的服务水平及报价

改革开放以后，我国的外文连续出版物进口市场更加开放。最初只有几家图书进出口公司经营外文连续出版物的进口业务，如今已经有数十家进出口公司经营此项业务。各公司之间已经形成了一种市场化的竞争格局，不同的进出口公司都有着各自的优势。除代理商服务水平的因素外，报价也是一个重要的因素。采选新的连续出版物品种时，采访人员首先需要向多家代理公司咨询代理价格，并将其报价作为是否在该家订购的参考因素之一。

2. 续订与停订的考虑因素

（1）经费情况

通常，受连续出版物出版特点的影响，连续出版物的定价每年都会较上一年有一定的增幅。因此，为了保持订购，图书馆分配给连续出版物的采购经费是稳定且不断增加的。当经费稳定时，采访人员的主要任务是连续出版物的续订。如果有自然停止发行、并入其他品种的连续出版物,采访人员需要增订少量其他品种。当经费不足时,采访人员则需要考虑削减品种,削减时必须以图书馆馆藏发展政策和用户需求为依据,通过慎重考虑后决定削减哪些学科或语种的连续出版物。

(2)出版变化

连续出版物在出版发行过程中经常会出现停止出版、改名、合并、载体变化等情况。通常,各代理公司都会给图书馆发送信息变化的通知。通知内容包括连续出版物变化的时间、变化的起止卷期等内容。采访人员则依据这些信息,做出续订或停订的决定并报批。同时采访人员需要将这些信息进行记录,以便随时查询和参考。

(3)连续出版物质量

在增订新的连续出版物时,采访人员一般见不到样刊,多是根据各目录工具或网络上的内容介绍、连续出版物刊发宗旨以及其他相关评价决定是否订购的。有时,连续出版物内容介绍与实际收到的出版物的内容相差甚远,其质量无法达到预期的要求。当发现此类情况时,采访人员需要及时与代理商沟通,尽可能迅速地停订该品种。如果沟通后不能停订,采访人员需要做详细记录,以便下一年度停订该品种。

(4)到货情况

采访人员必须随时跟踪连续出版物的到货情况,对于那些到货不及时、不完整和长期延期出版的品种,则需要考虑停订。

(5)纸本与电子连续出版物的协调与变化

有时,由于出版社销售政策的调整,以前纸电捆绑销售的品种可能会取消捆绑政策,如遇到此类情况,则需要权衡单独订购纸本或电子版本的利与弊,并确定订购其中的某一版本。另外,连续出版物以开放获取的形式发行的情况越来越多,甚至有些已经出版多年的品种也会因某些原因改成开放获取形式,采访人员在得到该信息后,则需要考虑在下一年度停订该连续出版物的纸本形式。

三、新增品种的查重

所谓查重,就是在拟新增连续出版物的订单发订之前,检查、核对本馆是否正在订购这些连续出版物,从而避免重复订购。由于外文连续出版物的定价较高,因此多数图书馆仅订购一个复本,如果发生重复订购则会造成资源建设经费的浪费。在连续出版物的订购渠道一节我们已经提到,很多图书馆除采用购买的方式外,还有交换、受赠、受缴、托管等各种方式。另外,图书馆接受订购目录信息的来源也比较广,各种渠道的目录信息格式也不尽相同,因此,同一种连续出版物可能会有不同的信息报道方式。为保证资源建设经费的合理利用,减少外文连续出版物的重复购置,采访人员必须多角度、多途径地进行查重。

目前,我国各图书馆基本都已采用自动化集成管理系统,采访人员可以通过管理系统下的联机目录模块进行查重。使用联机目录查重时,关键是检索点的选取。每种外文连续出版物都有多个检索点,常用的检索点主要有国际标准连续出版物号(ISSN)、中图订购号、题名与责任者等。

1. 国际标准连续出版物号

国际标准连续出版物号(以下简称 ISSN)是连续出版物查重最便捷的一个检索点。根据 ISSN 的定义可知,它是 ISSN 国际中心分配给连续出版物的具有唯一性的代码标识。因此,从理论上来说一个 ISSN 只对应一种连续出版物。大多数情况下,只要发现 ISSN 号一致,就可判断为重复了。然而,凡事都有例外,目前全球在发行中的连续出版物约 36 万种,其中有许多品种仍存在出版不规范的情况:

①有的国家未强制实施申请 ISSN 的制度,因此他们的连续出版物有可能没有 ISSN。

②有的国家虽已实施,但并不规范,部分出版社或编辑部用同一个 ISSN 发行以分辑或其他形式出版的多种连续出版物。

③随着学科领域研究的不断发展和变化,相应连续出版物的刊载

内容也会随之变化,因此,连续出版物的题名变化情况也较为常见。部分连续出版物在题名发生变化时,可能会继续沿用原 ISSN 号。

④在部分丛刊中,各分辑同时具有自己独立的 ISSN,但出版社有时会将两个 ISSN 同时印在各分辑上。

⑤有些连续出版物除了以连续出版物的形式发行,还以图书的形式发行,即各期次上既印有 ISSN,又印有 ISBN。

除出版不规范外,图书馆获取的连续出版物目录信息也有可能存在不规范,即某些连续出版物发生题名变化、合并等情况后,ISSN 也随之变化,但目录信息中可能还沿用旧的 ISSN。

以上这些情况都会给查重带来一定的困难,如不仔细辨识,则很容易造成重复订购或漏订。

2. 中图订购号

中图订购号是中国图书进出口(集团)总公司(以下简称"中图公司")编辑的《外国报刊目录》中赋予所收录报纸和期刊的一个代号,具有唯一性,互不重复。基本订购号共 8 个字符,分成三部分:分类号、国家或地区代号、同类报刊条目的顺序号。中图订购号反映了外文报刊类目、出版地、排序的内容,具有专指性,这也决定了它的多功能的特点①。

中图订购号在外文连续出版物订购中起着十分重要的作用,它与ISSN 号的情况类似,原则上也是具有唯一性的。大多数外文报纸和期刊都可以将它作为检索字段进行查重,但实际操作过程中也存在着一些需要注意的特殊情况:

①由于该订购号由中图公司分配,因此《外国报刊目录》中未涵盖的品种则没有中图订购号。

②中图订购号会随着连续出版物的出版地及订购渠道的变化而变更,如果目录信息发布不及时,或采访人员未能及时掌握变化信息,则容易造成重复订购。

---

① 郭筱虹. 中图刊号在外刊信息管理中的使用[J]. 图书馆,2004(3):90-91.

③部分出版社对于旗下同学科或相关性较强的连续出版物,会推出套订优惠方案。针对这种优惠方案,中图公司除分别给各连续出版物分配订购号外,还会给此套订方案分配一个套订号。同时,由于出版社套订政策不是一成不变的,很多套订方案会在几年后做出调整,有可能取消或增减品种。对于类似现象,采访人员查重时则需要注意相关的套订信息。

3. 题名与责任者

当采选目录中的连续出版物没有 ISSN 或中图订购号,或者采访人员对 ISSN 或中图订购号存在疑问时,则需要使用连续出版物的题名与责任者进行查重。此处之所以强调同时使用题名与责任者,是因为外文连续出版物的发行品种较多,题名存在重复的现象也很普遍。因此,用题名与责任者作为检索策略可以帮助采访人员更好地辨识品种是否重复。必要时,采访人员还需要参考出版地、卷期标识或创办年代等其他信息。

由于连续出版物发行过程的变化较为频繁且十分复杂,因此采访人员在查重时不能只使用单一的检索点,应尽量多地核实其他的相关检索点及出版信息,保证查重的准确性。

查重是连续出版物采选工作中的重要环节。通过查重,采访人员除了能够避免重复订购之外,还可以发现代理商所提供的连续出版物目录中的各种问题。当发现代理商征订目录存在问题时,采访人员要及时向代理商反馈,请他们更正错误信息,避免造成其他用户的订购失误。

第四节　预订与发订

外文连续出版物的采访预订与发订主要包括年度集中预订与发订和零星订购两部分。

一、年度集中预订与发订

在经费预算分配批复之后,采访人员便可以着手开展下一年的外文连续出版物预订与发订工作。年度集中预订是外文连续出版物采访工作最主要的组成部分,全年绝大多数连续出版物品种的订购都需要在集中预订工作中完成。集中预订工作完成得好,就能为整个外文连续出版物的采访工作争得主动,否则就会处处被动,还可能会造成一些不必要的损失。虽然在预订之前,采访人员已经做了大量的准备工作,如信息采集、馆藏调查、预算编制等,但预订时还可能会有各种预料之外的问题产生。因此,集中预订期间,采访人员必须要理清思路,处理好新订、续订、停订的各种数据以及发往不同代理商的订单。

1. 预订订单的制作

外文连续出版物的预定订单主要包括三方面的内容,即新增品种的清单、续订清单和停订清单。

(1)新增订单

当年度预算有一定的额度用来采购新的连续出版物品种时,采访人员应积极采集相关的目录信息,并整理出图书馆未收藏的外文连续出版物目录清单。综合馆藏发展政策、用户需求以及前述新增连续出版物时需要考虑的各种因素后,采访人员拟定新增清单并向代理商询价。询价时,采访人员应将拟新增清单发给所有的中标代理商,以便比较各代理商给出的综合代理价格。获取代理商回复信息并比对报价后,采访人员需将最优方案报相关部门或领导审批,并根据审批结果梳理新增订单的去向,为下一步的发订工作做好准备。新增清单中的每一种连续出版物至少要包括题名、ISSN(有则必备)、出版社信息、出版频率、中图订购号、定购份数等信息,以方便图书馆备案和向代理商发订。

(2)续订订单

所谓续订,即上一年度已订购,需要在下一年度继续订购的行为。续订订单的整理是在上一年度结算单的基础上完成的。采访人员收到上一年度结算单后即可着手准备续订单的制作。受连续出版物出版特点影响,休、停、并、分、转、频率改变、载体变化的现象时有发生,即有些连续出版物会出现休刊、停止出版、并入其他连续出版物、分裂成两种或两种以上的连续出版物、转国(社)出版、出版频率发生变化或转载体形式出版等现象。对于以上情况,采访人员应做如下应对:

①对于关、停类连续出版物,需要做好停订标记或将其编入停订清单。

②对于并入其他出版物的品种,需首先确认该品种并入后的连续出版物是否已在续订清单中。如已在续订清单中,则续订并入后的品种;如不在,则将它视为新品种,并根据采访政策,考虑是否将它放入新增订单中。

③对于转国(社)出版的品种,通常以续订为主,但需要修改订单中的出版信息,并通知编目人员修改书目记录。需要注意的是,如果招标合同是按出版社或出版地区划分标段,则应将转国(社)出版的品种修改至对应出版社或出版地区的中标代理商的续订单中。

④近年来,转载体形式出版的连续出版物越来越多,并以印刷版转电子版为主。其原因有三:一是电子连续出版物具有更新及时、查找方便、无时空限制、易于保管和复制的特点,深受最终用户喜爱;二是电子形式的连续出版物可以节约出版商的出版成本,为出版商带来更大的利润空间;三是它能够为图书馆节省馆藏空间,图书馆的馆藏资源建设也越来越向电子资源倾斜。对于转载体形式的品种,需首先确认图书馆是否有该载体形式的馆藏。如有,则告知代理商已通过其他渠道购置了该品种;如无,则根据馆藏发展政策,考虑是否将转载体形式后的连续出版物放入新增订单中。

对于采用招标采购方式的图书馆而言,如果下一年度的续订工作恰好在招标合同的存续期内,此次续订的连续出版物,除转国(社)出版的品种外,都延续上一年度的代理商;如果招标合同到期,则需要重新招标,续订订单应根据新的招标结果分配给各代理商。

（3）停订清单

通常情况下，外文连续出版物的停订清单以关、停类连续出版物为主。有时，图书馆也会在馆藏资源建设经费不足的情况或调整各文献类型、载体类型馆藏资源的情况下主动停订部分外文连续出版物的品种。如有大量品种的停订，采访人员应单独制定停订清单，以方便入档、查阅或参考。

2. 预定单的发订与采访数据的记录

（1）发订

所谓发订，是指图书馆向外部发送订购需求的行为。外文连续出版物的发订工作是图书馆、代理商、出版社之间沟通、确认的过程。采访人员按不同标段的中标情况将预订订单分配给相应的代理商。代理商收到预订订单后，需及时向出版社发出订单，并逐一与出版社确认，同时将出版社的订单确认信息反馈给图书馆。确认为有效订单的，出版社会按用户要求及时将下一年度各期次发给代理商或图书馆；确认为无效订单的，即在发订过程因订购品种发生了变化而无法提供的，需由图书馆根据连续出版物的关、停、并、转等变化信息重新做相应的处理。具体工作流程参见图 5 - 2。

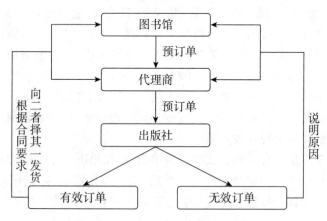

图 5 - 2　外文连续出版物发订流程

由于各出版社纸本连续出版物通常是根据全球用户的订购总份数印刷的，一般不会制作太多的复本，因此采访人员将预订订单整理完毕后，需要及时向代理商发订。发订工作应在每年的 10 月底完成。如果发订时间过晚，可能会影响下一年度的到货率。

（2）采访数据的记录

所谓采访数据的记录，是指图书馆内部采用自动化集成系统或其他工具记录文献资源的采访信息。采访数据可分三类：资源类型信息、订购数据、文献资源去向信息。

①资源类型信息指图书馆资源建设的文献类型。资源类型分类的目的主要用于区分不同的馆藏子库，不同图书馆对于资源类型的分类可能存在一定的差异，但大致都包含图书、期刊、报纸、电子资源、古籍、地图、年鉴、音视频资料等。

对于外文连续出版物而言，资料类型通常选择期刊、报纸、年鉴等，有的小型图书馆对连续出版物并不作细分，只采用"连续出版物"一个分类。

②订购数据是指采购文献资源工作中所需要记录的与文献采选方式、订购渠道、订购时间、复本数、价格等相关的数据信息。其中，采选方式主要记录购买、受缴、受赠、交换或托管的信息；订购渠道主要记录代理商、出版社、交换户、呈缴者、赠送者或托存资源的委托方等相关信息。

③文献资源去向是指图书馆馆藏文献的存放地。不同图书馆外文连续出版物的排架方式可能会有所差异，有的图书馆以期刊、报纸、年鉴等文献类型区分馆藏地，有的图书馆以文献语种区分馆藏地。记录文献资源去向信息后，系统便可根据连续出版物的出版周期自动生成包含文献去向信息的各期次预计到货列表。

记录采访数据时可采用逐条录入和批导入的方式。无论采用哪种方式，采访人员都需要严格控制采访数据与书目数据的一一对应性。而且，任何一种记录采访数据的方式都不是一劳永逸的。受其出版特点影响，某些连续出版物可能会在任何一个时间点发生关、停、并、转、改变题名等变化,因此,在得到代理商或出版社的相关信息后,采访人员应及时修改或补充相应的采访数据。

二、零星订购

除集中预订、发订外,图书馆偶尔还会向代理商发订一些零星订单。产生零星订单的主要原因有:

①某些重要连续出版物中不定期且单独发行的增刊、专辑、年刊、索引等。

有些外文连续出版物会定期出版增刊、专辑、年刊、索引等附加内容。对于这种情况,采访人员基本能够掌握其出版规律,通常能够在集中预订时订购这些内容;有时出版社也会将这些连续出版物的附加内容直接随主刊物赠送给订户。但还有一些连续出版物会不定期地出版这些附加内容,并且不会无偿赠送给订户,与此相关的出版信息往往在集中订购后才发布,当采访人员获取这些信息后,应酌情考虑是否订购它们。

②其他采访途径突然中断的连续出版物品种。

除采购途径外,很多图书馆还会通过交换、受赠等方式获取外文连续出版物。但是,通过交换或受赠途径获取的品种偶尔会因为交换户或捐赠人的某些突发状况而停止供应。这种情况下,采访人员应积极联系代理商,尽量通过订购的途径补齐剩余期次。

③年度预订中漏订的品种。

一般情况下,集中预订时不会漏订结算单中需要续订的品种。然而,由于更换代理商、操作失误等原因偶尔也会造成某一种或几种连续出版物的漏订。如果采访人员发现此类现象,应尽快向代理商发订,将漏订对下一年度到货率的影响降到最低程度。

④用户的推荐。

用户推荐订购品种是图书馆增订连续出版物品种的重要依据之一。收到用户的荐购意见后,采访人员首先确认该连续出版物是否属于馆藏发展政策所列的重点收藏学科领域,并确认本馆以及与本馆具有密切共建共享关系的图书馆是否缺藏；如确系缺藏，则酌情考虑补藏该品种。

　　零星订购新品种的流程应与集中预订时的新增订单工作流程一致，除考虑是否符合馆藏发展政策、用户需求以及影响新增连续出版物订购的各种因素外，还需要查重、询价、选择代理商，并形成采购方案，报相关部门或领导批准。

第五节　验收、登到与催缺

　　连续出版物的验收、登到和催缺工作是采访工作的延续环节，只有当图书馆所订购的连续出版物品种都已收到并纳入馆藏后，采访工作流程才算完整。

　　当确认了图书馆的订单后，各出版社会依出版次序将连续出版物的各期次发给代理商或图书馆。除非有特殊要求，一般而言各出版社会将刊物邮寄至代理商处，其主要优势有三：

　　第一，各代理商具有丰富的清关经验。

　　丰富的清关经验不仅可以提高连续出版物到货的时效性，更可以提高到货的保障率。

　　第二，各代理商与出版社的业务联系更加紧密。

　　对于图书馆而言，每种外文连续出版物一般仅订购一个复本，但对于各代理商而言，由于他们会代理多家图书馆的订单业务，同一品种往往会有多份订单发出。因此，出版社则更愿意集中发货给代理商。集中发货不仅会降低物流成本，从而降低图书馆的订购成本，同时还会提高到货率。

　　第三，更便于及时催缺。

　　由于通过代理商接收连续出版物的时效性和到货率要比直接邮寄至图书馆更高，因此代理商会在更短的时间内发现连续出版物的各期次是否到齐。若遇到缺期情况，他们会第一时间向出版社催缺，可以大大提高催缺的效果。

一、验收

图书馆会在外文连续出版物的采购合同中约定代理的供货频率，例如，期刊的送货频次约定为至少每周一次。由于报纸的时效性更强，其送货频次最好约定为每天一次，如果品种数较少，可酌情减少送货频次。

代理商将连续出版物送达图书馆后，验收人员应做好接收和核验工作。通常情况下，代理商每次送达的连续出版物单册数量会很多，无法当场详细地核验所有内容，所以接收和核验可分为当场核验和接收后核验两部分。

所谓当场核验，即在连续出版物交接时，验收人员核验本批次送达件数（一般以一个户号为一件）以及每件货物是否附有发货清单，确认无误后登记批次号和箱数，并签字接收。

接收后核验的内容主要包括清单核对和问题货物处理两项内容。核对清单时，验收人员应注意所收到连续出版物的品种及各期次的卷、期、年代标识是否与发货清单一致；各单册中是否夹带有增刊、光盘、缩微平片或其他实物等，如发现，要注意保存；各单册外观及内容是否完整。核验无误的，应在清单上做相应的标记。如果发现单册有破损、实物与清单上的题名及卷、期、年代标识不符等现象时，验收人员应尽快与代理公司交涉并及时调换。对于实物与发货清单不符的情况，还需要代理公司及时修改发货系统中的错误数据。如果遇到暂时不能确认的问题，需记录在案，督促代理公司尽快给出反馈。

由于连续出版物的管理工作流程较长，有些环节总会存在一定的疏漏、问题处理不及时等现象。例如，采访人员在定期查缺的工作环节中会发现某种连续出版物的某一期次未曾到货，但代理商一方却已记录为发货。因此，验收人员应将清单按到货时间顺序保存，以备查证。

二、登到

验收后的连续出版物进入下一个环节,即登到环节,或称记到环节。登到工作不仅能够准确反映连续出版物各期次的到达情况,还可以帮助采访人员及时发现出版信息的变化,为到货统计、催缺、书目数据维护和装订等后续工作提供依据。

1. 传统登到

如今,随着图书馆自动化集成系统的普遍使用,登到人员在工作中逐渐取消了传统的手工登到。目前只有一部分小型图书馆还保留着手工登到的方式。此外,有些图书馆的报纸登到,还保留了一部分手工登到的环节。

传统的手工登到一般分为两种方式,即卡片式和书本式。其中,卡片式登到曾是更为普遍的一种方式,书本式则因为翻阅不便而多被弃用。

传统的登到卡片,大小类似于传统的目录卡片,或者稍大一些,每张卡片只记录一种连续出版物的到货信息。它们曾广泛地用于期刊和报纸的登到。

通常,报纸的平均出版频率要比期刊高一些,因此两者的登到卡片样式也有所不同。报纸的登到卡片一般是一年一张。卡片上印有表格,表头是报纸的题名、中图订购号、ISSN、频率等信息,表的左侧竖列为月份、上方横行为日期。每当收到当日出版的报纸后,登到人员便在对应的格内作上标记。不同图书馆对于标记的要求不同,有的图书馆只要求用符号标出该日期的报纸已到货,例如"√";而有的图书馆则要求标出报纸的卷期号。报纸登到卡片的具体格式参见表5-1。

表 5 － 1　报纸登到卡片样例①

	1	2	3	4	5	6	7	8	9	10	11	12	13	14	15	16	17	18	19	20	21	22	23	24	25	26	27	28	29	30	31
年份:2015　　订购号:D03B0001																															
1																															
2																															
3																															
4																															
5																															
6																															
7																															
8																															
9																															
10																															
11																															
12																															

题名:THE NEW YORK TIMES　　频率:Daily　　ISSN:0362-4331

　　期刊的登到卡片一般是多年使用一张。卡片上表格的表头是期刊的题名、中图订购号、ISSN、频率、出版社、馆藏起止年(只有当停刊后才会在此字段中标出停止年限)等信息,表格上方横行依次为订购年、卷、月份等栏。当收到期刊后,登到人员需要在对应的格内填写所收到期次的卷期标识信息。期刊登到卡片的具体格式参见表 5 － 2。

　　对于登到卡片的排序,图书馆通常会根据各自的具体需求排列。使用较多的排序方法有题名字顺排序、订购号排序、索取号排序等。

----

　　①　注:由于报纸的登到更注重出版日期,所以无论日报、周报还是其他频率的报纸,均可采用此表。

表 5 - 2 期刊登到卡片样例

题名:American journal of physical anthropology　　订购号:593B0001 ISSN:0002-9483

索取号:N/A44/4500　　　　　　　出版者:AAPA 频率:Monthly　　　　　　　　馆藏起止年:1918—2012

年	卷	1	2	3	4	5	6	7	8	9	10	11	12
2011	144— 146	144 (1)	144 (2)	144 (3)	144 (4)	145 (1)	145 (2)	145 (3)	145 (4)	146 (1)	146 (2)	146 (3)	146 (4)
2012	147— 149	147 (1)	147 (2)	147 (3)	147 (4)	未到	148 (2)	148 (3)	148 (4)	149 (1)	149 (2)	149 (3)	149 (4)
备注	2013 年起转订电子版												

2. 图书馆自动化集成系统登到

图书馆使用自动化集成系统后,登到工作还增加了一个更加重要的作用,即揭示连续出版物的馆藏信息,向用户提供更便捷的服务。

图书馆采用自动化集成系统之后,登到工作变得更加方便、快捷。登到人员只需要利用连续出版物的题名、中图订购号、ISSN 等信息在系统中检索到对应的书目信息,进入登到模块,选中系统中与手中实物对应的单册,将计算机光标置于单册条码的文本框中,扫一下实物上的条码,点击登到即可。

登到后,系统中会显示出单册的预计到馆时间、登记时间、条码号、馆藏地点、索取号、卷期标识等信息,这不仅便于工作人员随时跟踪文献的加工处理状态和去向,也方便用户在联机公共目录查询系统(OPAC)获取相应的馆藏信息。

需要说明的是,图书馆自动化集成系统登到模块中预先生成的单册信息是采访或编目人员根据连续出版物的出版频率信息预先设置的,因此预先生成的单册信息有可能与图书馆收到的实物上的信息存在差异。登到人员应仔细核对,如果信息存在差异,应以实物上刊载的信息为准。

3. 登到注意事项

①登到时须认真核对连续出版物题名、中图订购号、ISSN 等信息,确保所登到单册与书目记录相符。

②登到时除按手中实物上的卷、期、年代标识在系统中登到外,还需要在单册的指定位置上标注索取号、分类号等信息。手工标注或粘贴书标时,以不遮盖单册封面上的有用信息为原则。

③如果单册上印有两种或两种以上的卷期标识,以与题名直接相关的卷期标识为准。

④如果连续出版物的增刊、专辑、年刊、索引等有独立的卷期标识,则需要交编目人员创建新的书目记录,并在新的书目记录下登到。

⑤登到时发现有应到但未到的单册时,需要及时催缺。

⑥当发现连续出版物题名、中图订购号、ISSN、出版频率、出版者等信息发生变化时,应将单册交给编目人员,由编目人员决定是否创建新的书目记录。

此外,由于连续出版物的出版情况十分复杂,遇到特殊情况时,登到人员要与采访及编目人员进行沟通,尽量寻求更为合理的单册描述方式。

三、催缺与补藏

缺期是连续出版物采访工作中一个常见的现象。缺期在一定程度上会影响用户对连续出版物馆藏的利用,也破坏了图书馆连续出版物馆藏的连续性和完整性,给装订、典藏等后续环节带来了一定影响。由此可见,催缺工作在图书馆的整个连续出版物管理工作中具有承上启下的作用,连续出版物催缺工作的重要性也因此而得以显现。

1. 缺期原因

为了使催缺工作做到有的放矢,分析连续出版物的缺期原因是一项重要且必要的工作。造成连续出版物缺期的因素很多,现归纳如下:

（1）物流因素

①图书馆订购的绝大多数外文连续出版物都是通过代理商从国外出版社进口，其物流运输的路线和时间往往会比国内出版物长一些，因此运输过程中损坏和丢失的概率也随之增长。

②由于是从国外进口，所以所有的连续出版物都必须经过海关的监督和检查。海关的拆验和清关过程也容易造成连续出版物的缺期。

③连续出版物的各期次通常是分期依次出版的，为了保证其时效性，各期次均需分批邮寄。物流次数的增加也是造成缺期的重要因素。

（2）出版社因素

①出版社漏发造成的缺期。

②延期出版造成的缺期。所谓延期出版是指连续出版物未能按照预定的日期准时出版。延期出版包括两种情况：一种是逾期之后不再出版，即连续出版物所属出版社或编辑部由于某些原因未出版某些期次，并且不打算再补充发行这些期次；另一种是出版社或编辑部虽然没能按照预订的日期出版，但之后会补充发行。

③特殊订购政策导致的缺期。某些连续出版物，尤其是日文期刊，每年除出版正刊外，同时还会出版一期或几期不属于正常出版计划的专刊。这些专刊的出版时间并不固定，但其卷期标识却与正刊是连续的，并且需要单独付费采购。由于图书馆集中预订时所付的费用不包含这些专刊，所以出版社发货时只发正刊。对于这类情况，采访人员需要特别注意，如果希望订购这部分期次，则必须与代理商做出约定，单独付费购买。

（3）代理商因素

①配送错误。由于各代理商代理的外文连续出版物遍及全球，其客户也来自全国各地，因此每天的到货无论是品种数还是单册数都十分巨大。发货人员工作稍有疏忽就可能导致配送的错误。

②漏订。漏订的原因也多种多样，可能会因为代理商发订过程中的疏漏造成，也可能会因为连续出版物的题名变化、载体变化、转国出版、定购模式变化等重要信息未能及时更新而造成。

（4）图书馆因素

①发订延迟。下一年度外文连续出版物的发订时间一般是本年度的 10 月底至 11 月底之间。有时，图书馆因招标时间长、人力不足等原因造成的发订工作延迟往往会影响某些连续出版物下一年度年初几期的到货。此外，零星采购更是以定购本年度出版的连续出版物为主，年初几期的到货率则会受到更大的影响。

②登到错误。登到人员如果对题名相同的不同连续出版物未进行认真分辨或对连续出版物题名变化等情况未认真核查，都会造成登到错误。

③流通环节中损坏或丢失。目前大多数图书馆外文连续出版物的现刊（报）均采用开架阅览的方式，阅览量大。个别用户的恶意损毁、偷窃等行为均会造成连续出版物的损坏或丢失。

2. 催缺

与预定和发订相似，连续出版物的催缺也分为集中催缺和日常催缺两种方式。

（1）集中催缺

为尽量减少连续出版物的缺藏，采访人员每年度至少应在年中和年末进行两次集中催缺。年中集中催缺时，采访人员不仅需要掌握本年度的到货情况，还需要了解上一年度的到货情况。掌握本年度到货情况的目的是集中对本年度缺期进行催缺。了解上一年度到货情况的目的有二：一是进一步督促代理商向出版社发催缺通知或采取其他途径补货；二是统计上一年度的到货率、到全率，了解造成某些连续出版物到货不好的原因，为下一年度的订购做好准备。年末时，本年度的连续出版物已基本出版完毕。年末催缺的目的主要是希望了解本年度订购连续出版物的到货情况。对于多次催缺未到的期次，采访人员需及时与代理公司和出版社进行沟通，了解未到原因。收到代理公司的反馈信息后，采访人员需逐一核实并记录在案，定期检查催缺结果。

（2）日常催缺

日常催缺主要指登到过程中，登到人员发现缺期后随时向代理商催缺的情况。当登到人员发现后续期次的连续出版物已经到货而前面的期次却没有到达时,应及时填写催缺单,通知代理商及时处理。

此外,在用户阅览、参考馆员接待咨询、装订人员进行合订本装订时都可能发现缺期情况,采访人员应及时获取他们的反馈信息,并联系催缺。需要提醒的是,连续出版物装订整理是对连续出版物到货情况核查的最后一道工序。装订工序不但可以发现缺期,还可以发现登到过程中的错误,找到一部分因登到错误和文献流通中造成的缺期,因此图书馆应该对连续出版物的装订工作给予足够的重视。

3. 缺期责任区分与补藏

为了保证连续出版物的完整性和连续性,对于确认不能收到或已经丢失的期次,采访人员应对缺期情况进行责任区分并积极进行补藏。

(1)责任区分

采访人员之所以需要对连续出版物的缺期情况进行责任区分,主要是因为供需双方在签订合同时约定了违约责任。采购合同通常会约定:对已付款的连续出版物,如果连续出版物全年未到货的,代理商须向图书馆办理补藏或退款事宜;对于因代理商及其上游环节责任而未能补齐的期次,图书馆将通过专业的补藏公司进行补藏,全部相关费用均由代理商承担。由此可见,责任区分涉及图书馆和代理商双方的经济利益。

由代理商及其上游环节造成的文献缺藏,责任在代理商,补藏费用由代理商承担。而由图书馆方造成的文献缺藏,责任在图书馆,补藏费用由图书馆自己承担。所谓代理商及其上游环节的责任,即前述缺期原因中由物流因素、出版社因素、代理商因素造成的缺期责任。而图书馆方的责任主要是指前述缺期原因中由图书馆因素造成的缺期责任,但发订延迟因素除外。发订延迟虽是造成缺期的重要因素,然而,一旦代理商接受了图书馆的订单,即说明代理商默认具有代理订购该年度连续出版物的能力。因此,即使是由于图书馆方原因造成了发订延迟,缺期责任也应由代理商负责。

（2）补藏方式

①通过专业的补藏公司进行补缺。专业的补藏公司不仅与世界各地的出版社有着紧密的合作关系，他们对于世界各地的连续出版物零售市场也颇有了解。通过专业的补藏公司补缺是最行之有效的补缺方式。

②如果确实无法补到原版报刊，采访人员可以与其他图书馆协调，利用复制的方式将缺藏的期次补齐；也可以从数据库中查找相应的电子连续出版物，通过下载打印的方式补齐所缺期次。通常缺期的报纸不采用打印电子版的方式补藏。

③如果以上方式均无效果，图书馆还可以通过发布"征集缺藏文献公告"的方式，争取社会力量的支持。

第六节　年度采访工作的总结

本年度采访工作完成后，应及时进行采访工作总结。工作总结主要包括三方面的内容：结算、入藏统计、撰写年度采访报告。

一、结算

所谓结算，即一个合同期完结时，图书馆向代理商支付相应连续出版物货款的货币清算。结算意味着一个采访周期的完成，同时也是下一个采访周期开始的重要基石。连续出版物采购的结算工作一般在每年的年中进行，工作内容和步骤大致如下：

1. 核对结算单

每年的年中，上年年末（或本年年初）发订的连续出版物也开始陆续到货，各种连续出版物的关、停、并、转情况也基本确定，其最终报价和运输成本等也都已核算完毕。此时，代理商便会将结算清单发送给图书馆。

采访人员收到代理商的结算清单后，必须严格按照图书馆与代理商所签合同的约定逐项核对,如各品种外币价、各币种对人民币的汇率、代理订购的综合费率或折扣率等。此外,采访人员还需要对比上一年度连续出版物的价格,如果发现有价格涨幅过大的品种,要及时与代理商及出版社进行沟通确认,避免因工作失误给图书馆带来损失。

2. 核对补退款清单

虽然上一年度结算时图书馆已经向代理商支付了所有有效订单的货款,但受缺期因素的影响,这些货款并不能在当年度完全结清。采访人员除核对结算清单外,还需要核对上一年度或上两个年度的连续出版物到货,确认代理商未给图书馆配送且无法通过专业补刊公司补购的品种,应根据合同对缺期品种的货款进行清算。各图书馆对于缺期退款都有不同的标准,表5-3是较为常用的退款标准的模板。

表5-3　缺期退款标准参照表(模板)

未到期刊标准	退款标准	周刊 (52期)	月刊 (12期)	季刊 (4期)	半年刊 (2期)	年刊 (1期)
视同全年 未到	该报刊全年款项× 100%×(1+×%)	仅到0—12期 (缺40—52期)	仅到0—2期 (缺10—12期)	无到货	无到货	无到货
视同三季 未到	该报刊全年款项× 75%×(1+×%)	仅到13—25期 (缺27—39期)	仅到3—5期 (缺7—9期)	仅到 1期	—	—
视同半年 未到	该报刊全年款项× 50%×(1+×%)	仅到26—38期 (缺14—26期)	仅到6—8期 (缺4—6期)	仅到 2期	仅到 1期	—
视同一季 未到	该报刊全年款项× 25%×(1+×%)	仅到39—50期 (缺2—13期)	仅到9—11期 (缺1—3期)	仅到 3期	—	—
一季度 以下	未到期刊的价格	仅到51期 (缺1期)	—	—	—	—
说明	上列表格中退款标准为(退款+赔偿金),即上表中的(1+×%)中的×%为赔偿金标准					

补收款项是由于出版社在原出版计划的基础上增加了新的期次、增刊或附件,或因为出版社成本增加而涨价造成的,代理商会根据出版社发票向图书馆增收这部分费用。

无论是退款还是补收都必须要求代理商出具相应的清单,清单要由采访人员进行逐项核对确认后才能结算。

3. 结算与预付

核对结算清单及补退款清单后,采访人员需向图书馆财务部门提交结算申请。财务部门根据外文连续出版物采购货款的预付或后付情况进行货币清算。

目前我国各图书馆的外文连续出版物采购多通过国内代理商完成。由于连续出版物的订购多为预订,图书馆完成发订工作后需向代理商支付所发订连续出版物的预付款。预付价格是根据上一年度的结算价格乘以一定涨幅得出的估算价,实际的结算价格需要在下一年年初出版社开具发票后才能确定。如果图书馆不采用预付款的方式,在第二年结算时还需向代理商支付一定的贷款利息。

二、统计

完成结算后,采访人员需要对本年度外文连续出版物的采购情况进行统计。统计内容主要有:预付、结算情况,入藏品种情况,到货情况。

预付、结算的统计包括预定、发订时支付各代理商的预付款金额,结算时实际支付各代理商的金额,本年度与上一年度连续出版物平均价格及平均涨幅等。这些统计数据既是采访人员编制下一年度经费预算的依据,又是下一年度新增或停订连续出版物品种的依据。

入藏统计包括本年度增订、停订情况,最终有效订单数量,采购连续出版物的各学科比例、语种分布等。入藏统计数据及其分析不仅是图书馆计算和对外宣传馆藏建设情况的重要依据,也是采访人员、阅览人员、参考咨询人员掌握馆藏连续出版物总体状况的重要信息来源。

到货情况的统计内容主要包括外文连续出版物采访的订到率、到货率和到全率。到货统计既需要按不同代理商分别统计,又需要根据图书馆总采访量进行汇总统计。到货情况的核查与统计不仅是考察图书馆连续出版物馆藏连续性、完整性的重要指标,也是采访人员催缺和补藏、图书馆是否继续与代理商合作的重要参考依据。

三、年度采访报告

所谓年度采访报告,是采访人员对于一个采访周期采访工作的总结。报告的内容包括连续出版物的发展情况、图书馆馆藏调查和用户需求情况、本采访周期的相关数据、对代理商的考评情况、采访中存在的问题、今后的改进措施等。

年度采访报告宜细不宜粗,因为它不仅是采访人员向部门及图书馆领导汇报的工作报告,也是总结经验、改进工作、提供业务水平的重要参考。

第六章　外文电子连续出版物采访流程

　　随着网络技术的发展,图书馆的馆藏资源建设产生了巨大的变化。数字资源的出现,打破了图书馆传统印刷型馆藏一统天下的局面。目前,在数字资源中,最受用户欢迎、使用最为广泛的是电子连续出版物,尤其是学术电子期刊。电子连续出版物具有涵盖学科领域多、信息容量庞大、更新及时迅速、平台功能强大、学术信息交流便捷等优点。它正深刻而广泛地改变着图书馆的馆藏资源建设与用户服务。

　　电子连续出版物虽然属于连续出版物的一种载体表现,但其定价模式、保存、用户服务、续订等方面与纸本形式存在一定的差异。此外,电子连续出版物的馆

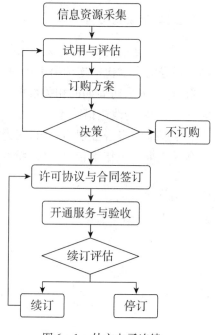

图6-1　外文电子连续出版物采访流程

藏建设还涉及许多技术因素和采购的后续服务。因此电子连续出版物的采访过程是一个不断协商、反复论证的决策过程,其采购流程也与纸本连续出版物略有不同。基本采访流程见图6-1。

第一节 信息采集与评估

一、信息采集来源

目前,图书馆馆藏中的电子连续出版物主要以全文电子期刊、电子报纸、部分电子形式的连续性引文索引/文摘资源为主。其中,全文电子期刊和引文索引/文摘资源又以学术期刊为主。

1. 全文电子期刊

目前,电子期刊根据其出版形式大致可以分为两种,即纸本期刊附属电子版(E-Version Journal)和原生电子期刊(Born-Digital Journal 或 E-Only Journal)。所谓纸本期刊附属电子版,即该期刊最初以印刷形式出版,但随着电子出版业务的兴起和逐步发展,出版社又通过技术转换将期刊的内容数字化,形成了电子期刊的形式。所谓原生电子期刊,即自诞生之日起,便完全依靠互联网发行的纯电子期刊,它通常只有电子形式,偶尔也有些原生电子期刊出版社因用户的需求会提供按需印刷的纸质版。

就出版模式来看,电子期刊可分为四类,即商业期刊(由营利性出版机构操作)、非营利期刊(多由学术出版机构操作)、开放获取期刊(OA期刊)和集成商平台上的电子期刊。商业期刊、非营利期刊以及集成商电子期刊的出版都由来已久,而新诞生的开放获取期刊近年来逐渐地受到了全球出版界、学术界以及图书馆界的广泛关注,同时也成为学术交流和科学研究领域的一大热点。

(1)商业期刊

国外出版市场竞争机制成熟,产业集中度高,其市场份额基本被领先的几大出版集团瓜分。出版产业的资本流动不受限制,出版机构之间可以通过资产重组、并购等多种手段来实现资源的整合。通过资本层面的整合,国外出版商可以快速地实现资源内容按学科领域、市场等方面的整合与集中。而且,大型出版社还可以利用上述手段实现内容公司与技术公司等产业链中不同主体的整合,将内容与技术等各自的优势发挥到极致,从而实现电子出版业内的资源最优配置①。通过市场竞争与资源重新组合,大型商业出版社在电子期刊市场占据的份额越来越多。据统计,在 SCI、SSCI 和 A&HCI 三大引文索引所收录的期刊中,近 50% 的品种属于爱思唯尔(Elsevier)、施普林格·自然(Springer Nature)、约翰威立(John Wiley & Sons)、泰勒弗朗西斯(Taylor & Francis)、世哲(Sage)五大商业出版社②。

因此,做好外文电子连续出版物的采访工作,必须长期跟踪国外大型出版社的期刊出版动态,掌握各出版社的内容优势、技术优势、市场优势以及他们所拥有的电子期刊产品。这些大型的出版社,大多自己负责其电子期刊的编辑、出版和销售。这种方式可使出版社完全控制自己的期刊及其附加价值。商业期刊出版社的典型代表及其主要产品可参见表 6-1。

表 6-1　部分外文期刊出版社及其电子期刊产品③

商业期刊社名称	电子期刊产品	品种数
爱思唯尔(Elsevier)	ScienceDerect Journals	3755
施普林格·自然(Springer Nature)	Springer LINK Journals	3255
泰勒弗朗西斯(Taylor & Francis)	Taylor & Francis Online Journals	2669
约翰威立(John Wiley & Sons)	Wiley Online Library Journals	2368
世哲(Sage)	SAGE Journals	850

---

①　秦绪军. 国外出版商发展数字出版的特点及给我们的启示[J]. 科技与出版,2007(12):11-12.

②　齐东峰. 浅析价格高企下的学术期刊危机[G]//国家图书馆外文采编部. 数字时代的文献资源建设——第四届全国文献采访工作研讨会论文集. 北京:国家图书馆出版社,2012:16-21.

③　注:表中电子期刊品种数据(含过刊)来源于各出版社网站,统计日期为2015 年 12 月 29 日。

续表

商业期刊社名称	电子期刊产品	品种数
爱默瑞得（Emerald）	Emerald Journals	300
帕尔格雷夫麦克米伦（Palgrave Macmillan）	Palgrave Macmillan Journals	57

（2）非营利期刊

所谓非营利期刊,主要指由大学、学术团体等非营利性机构编辑出版的期刊。目前很多大学出版社、学会、协会都有自己电子期刊产品平台,电子期刊品种也有一定的规模。这类机构出版的期刊以刊载大学教职人员、学/协会成员、同行业科研人员的研究成果为主,一定程度上既能够体现出大学、学术团体的科研和学术水平又能够反映出该领域的研究和发展方向。因此,此类非营利期刊也是电子连续出版物采访工作的从业人员应该关注的重点。出版电子期刊较多的大学、学术团体及其电子期刊产品可参见表6－2。

表6－2　部分非营利期刊出版机构及其电子期刊产品①

非营利期刊出版机构	电子期刊产品	品种数
剑桥大学出版社（CUP）	Cambridge Journals Online	508
牛津大学出版社（OUP）	Oxford Journals	391
美国电气电子工程师学会（IEEE）/英国工程技术学会（IET）	IEEE Xplore Digital Library	298
英国皇家化学学会电子期刊（RSC）	RSC journals	98
英国皇家物理学会（IOP）	IOP Science Journals	80
英国医学会 BMJ 出版社（British Medical Journals Publishing）	BMJ Journals	54

①　注:表中电子期刊品种数据(含过刊)来源于各机构网站,统计日期为2015 年12 月29 日。

续表

非营利期刊出版机构	电子期刊产品	品种数
美国化学学会(ACS)	ACS Journals	50
美国计算机学会(ACM)	ACM Digital Library Journals	43
美国土木工程师学会(ASCE)	ASCE Journals	33

（3）开放获取期刊

近年来开放获取期刊的发展成果是非常卓越的,其学术价值也得到了充分的体现。根据汤森路透(Thomson Reuters)公司的 ISI 平台中收录的开放获取期刊数据统计①,有影响因子的 OA 期刊为 726 种,其中不乏高影响因子的期刊,如《CA:临床医师癌症杂志》(*CA-A Cancer Journal for Clinicians*)影响因子为 162.5,2014 年 JCR 排名第 1,《公共科学图书馆—医学》(*PLoS Medicine*)影响因子为 14.43。开放获取期刊的快速发展不仅能够解决图书馆学术期刊订购经费的问题,还可以使科研人员和大众方便、及时地获取科研成果,对商业出版机构的垄断和学术期刊危机有着强有力的制衡作用。典型的开放获取出版机构和整合机构可参见表 6-3。

表 6-3　部分开放获取出版机构和整合产品及其开放获取期刊②

出版机构或整合产品名称	网　　址	品种数	备注
生物医学中心(BioMed Central)	http://www.biomedcentral.com/	306	出版

---

① Thomson Reuters. Thomson Reuters Links-Open Access Journal List[EB/OL].[2015-12-29]. http://science. thomsonreuters. com/cgi-bin/linksj/opensearch. cgi? letter = a.

② 注:表中开放获取期刊品种数据来源于各机构网站,统计日期为 2015 年 12 月 30 日。

续表

出版机构或整合产品名称	网　　址	品种数	备注
爱斯唯尔（Elsevier）	https：//www. elsevier. com/about/open-science/open-access/open-access-journals	489	出版
欣达维（Hindawi Publishing）	http：//www. hindawi. com/	403	出版
施普林格·自然（Springer Nature）	http：//www. springeropen. com/journals	225	出版
美国公共科学图书馆（PLoS）	https：//www. plos. org/	10	出版
开放获取期刊目录（DOAJ）	http：//www. doaj. org/	10959	整合
开放获取期刊门户（Open J-Gate）	http：//openj-gate. org/	23027	整合
日本科学技术信息集成系统（J-STAGE）	https：//www. jstage. jst. go. jp/	1773	整合

（4）集成商平台上的电子期刊

一些小型出版社或编辑部通常只出版一种或几种期刊,受各种条件的限制,他们自己并不发行在线版电子期刊,而是委托资源集成商代为发行。这样,小型出版社或编辑部不用建立和维护自己的系统,可以节约一定的软硬件费用。同时,资源集成商将不同出版社的多种期刊在同一个平台上揭示,可以实现多种资源的统一检索,方便用户使用。此外,还有一些资源集成商通过与多家出版社谈判,获取他们旗下过刊的回溯权,并将这些过刊集中在同一平台,从而形成新的数据库产品。典型的资源集成商及其电子期刊产品见表6-4。

表6-4　部分资源集成商及其电子期刊产品

集成商名称	电子期刊产品	品种数
爱博思科（EBSCO）	Academic Search Complete	8000 +
爱博思科（EBSCO）	Business Source Complete	4000 +

续表

集成商名称	电子期刊产品	品种数
普若凯斯特(ProQuest)	ABI/INFORM Complete	5000 +
普若凯斯特(ProQuest)	ProQuest Research Library	5000 +
伊萨卡(ITHAKA)	JSTOR 过刊数据库	3000 +
约翰霍普金斯大学与米尔顿·艾森豪威尔图书馆(JHU Press and Milton S. Eisenhower Library)	Project Muse Journals	600 +
William S. Hein & Co. Inc.	HeinOnline 法律数据库	1700

2. 电子报纸

近些年来,网络的发展令报纸业的竞争越来越激烈。国内外各报社为提高自身的信息竞争能力,均纷纷建立了网络版,并且每一种电子报纸无论在信息内容的广泛性还是信息获取的灵活性方面都远远超过了印刷版。部分出版商通过收购或授权的方式将数百种甚至上千种电子报纸搜罗旗下,并配置了功能强大的检索和查询系统,建立了专门的电子报纸全文数据库产品。目前,典型的外文报电子报纸数据库见表6-5。

表6-5　部分外文电子报纸数据库供应商及其产品①

供应商名称	数据库名称	品种数
NewsBank	Access World News	6000 +
NewspaperDirect	Library PressDisplay	1000 +
爱博思科(EBSCO)	Newspaper Source	400 +
朝鲜言论信息中心(东京)	朝鲜报刊数据库(KPM)	15
普若凯斯特(ProQuest)	ProQuest Historical Newspapers	12

---

① 注:表中报纸数据库产品的品种数据来源于各机构网站,统计日期为2015 年12 月30 日。

3. 连续性引文索引、文摘资源

外文文献十分注重索引的编制。很多外文连续出版物会在月度末、年度末出版专门的索引。它们多以文献中的主题、篇名、作者等为款目进行编制。索引或占据连续出版物的期次，或以增刊的形式作为附加内容，或被赋予单独的卷期标识。

除索引外，几乎所有的外文连续出版物还会为所刊载的文章编制摘要。尤其是学术期刊，摘要已经成为期刊内容的重要组成部分。

在某些学科领域，由于学术期刊众多，文章刊载量巨大，研究人员查找所需文献的难度越来越大。于是，针对某一学科或某些学科的专门的索引、文摘类连续出版物应运而生，并成为辅助科学研究的重要工具。例如，创建于 1907 年的著名文摘类期刊《化学文摘》(*Chemical Abstracts*，简称 CA)和创建于 1957 年的著名索引类期刊《科学引文索引》(*Science Citation Index*，简称 SCI)等。

在计算机技术应用于文献检索之前，索引、文摘类连续出版物主要以纸本为载体。后来，计算机和互联网技术逐渐被应用于信息检索和电子编辑出版领域，索引、文摘类连续出版物的磁盘版、光盘版、网络版也随之产生。近年来，受网络技术的发展和科研工作需求的影响，索引、文摘类连续出版物更多是以数据库的形式出现，检索功能也越来越强大。常用的引文索引、文摘类资源见表 6-6。

表 6-6　部分引文索引、文摘数据库供应商及其产品

供应商名称	数据库名称
汤森路透(Thomson Reuters)	Web of Science(含 SCI、SSCI、A&HCI)
爱斯唯尔(Elsevier)	Engineering Index，简称 EI
美国化学文摘社(CAS)	Chemical Abstracts(CA)
英国电气工程师协会(IEE)	INSPEC
美国教育部教育资源信息中心(ERIC)	ERIC(含 Current Index to Journals in Education)
美国心理学协会(APA)	PsycINFO(含 Psychological Abstracts)

二、信息采集注意事项

近年来,我国图书馆界逐年加大对外文电子连续出版物,尤其是学术期刊的采购。与纸本连续出版物的采购一样,电子连续出版物的采购工作也需要遵循一定的采购标准和原则。因此,采访人员在调研与采集电子连续出版物产品的相关信息时,应注意以下几个方面的问题。

1. 运作方式

所谓运作方式,即所调查的电子连续出版物产品是由出版社自己提供服务还是通过集成商平台提供服务。不同的运作方式,电子连续出版物服务平台所提供的收录年限、浏览或下载限制、后续技术支持、用户使用培训、试用统计数据的提供等方面可能都存在一定的差异。

2. 完整性

所谓完整性,即所调查电子连续出版物产品各品种在出版社或集成商服务平台上的收录年限是否完整。对于集成平台而言,由于版权谈判或其他原因,该平台可能并没有将某些品种的连续出版物回溯至创刊号,或者不能完全收录某些出版社的所有连续出版物品种。即使是出版社自有平台,也可能存在其所有的连续出版物数字化或回溯数据没有完成的情况。

3. 馆藏重复调查

采集电子连续出版物产品时,采访人员应该结合现有纸本和电子馆藏进行充分的查重。对于出版社的产品而言,需要重点检查与纸本馆藏的重复以及与馆藏集成商平台回溯部分的重复情况。对于集成商的产品,则需要重点检查它与同类电子连续出版物产品的重复以及与纸本馆藏的重复情况。

4. 长期保存

虽然电子资源具有检索方便、快捷、不受空间和时间限制的优势,但也正是由于这种载体形式的影响,如果没有完善的长期保存方案,用户的长期访问随时都有可能受到威胁。采集电子连续出版物产品信息时,采访人员应了解该产品是否有较为完善的长期保存措施。例如,是否加入了 LOCKSS 或 Portico 等长期保存联盟,是否参与了国家性质的长期保存项目,是否有异地备份数据,是否向图书馆提供备份或允许图书馆自行下载保存所采购数据等。

5. 时滞

对于集成平台的电子连续出版物,出版社往往会因为销售策略的原因不将最新期次的电子版授权给集成商。集成商平台上的连续出版物会因此有一定的时滞期限。采集电子连续出版物产品信息时,采访人员应详细了解平台上各连续出版物品种的时滞情况。

三、试用与评价

1. 试用

在电子连续出版物采购流程中,试用是一个重要环节。但是,并不是所有采集到信息的资源都要试用,采访人员应筛选电子连续出版物产品与馆藏资源的符合度,把好资源准入关。对于属于图书馆馆藏建设需求的电子连续出版物产品,若有采购意向,采访人员应向出版社或集成商提出试用邀请。一般大型的连续出版物数据库均会配合开通一定期限的试用。

如果图书馆的参考馆员和用户对已开通试用的电子连续出版物产品不够了解,往往就会忽略该产品的试用,从而影响了其试用效果,无法为图书馆的采购提供充足的试用信息,影响图书馆对试用产品的评估。因此,开通使用后,采访人员须联合参考咨询馆员、一线服务人员对试用产品做适当的宣传,尽量使感兴趣的参考咨询人员和用户都能参与试用,同时还应有针对性地组织重点产品的试用培训。

2. 使用统计与用户调查

试用结束后,采访人员应要求出版社或集成商提供试用期间的用户使用统计数据,进而撰写使用统计分析报告。使用统计的数据一般包括访问次数、检索次数(尤其是索引、文摘类连续出版物资源)、浏览或下载全文次数、被拒访问次数等信息。这些统计数据是决定是否采购该电子连续出版物产品的重要因素之一。

除使用统计外，采访人员还应向参与试用的用户询问反馈意见。试用意见的咨询对象主要包括参考咨询馆员和阅览导读馆员等图书馆一线服务人员以及电子连续出版物的目标用户。对于高校图书馆、专业图书馆而言，目标用户相对较为集中，意见回收相对容易一些；对于公共图书馆、国家图书馆而言，目标用户则比较分散，意见回收也相对困难。

3. 其他评价

（1）连续出版物产品的权威性

所谓连续出版物产品的权威性，即试用产品中所收录的连续出版物品种是否是所属学科领域的重要期刊。其评价标准与纸本连续出版物的质量评价标准基本一致，即考察连续出版物所属出版机构的权威性、是否被知名索引文摘数据库收录、是否有影响因子、是否被所属学科的研究人员熟知等。

（2）资源平台功能

资源平台功能的考察主要包括检索功能是否完备、易用，检索结果相关度排序是否合理，数据格式是否兼容，打印下载是否便捷，服务器响应是否迅速、是否支持跨库检索和书目数据收割协议等。对于电子期刊而言，资源平台的使用统计还应支持 COUNTER 标准和 SUSHI 收割协议。

（3）出版社或集成商的服务与支持

对于出版社或集成商的服务与支持，采访人员至少应从两个方面加以考察：

①推广与培训的服务与支持。一般而言，无论是试用期还是采购后，出版社或集成商都应根据图书馆需求提供免费的用户培训、提供与产品使用指导相关的文件或手册、积极解决图书馆员与用户提出的与产品相关的各种疑问。

②技术支持。当图书馆采购了某一电子连续出版物产品后，资源揭示与整合是必不可少的工作环节。出版社或集成商应全力配合图

书馆的资源揭示与整合工作,向图书馆无偿提供平台所收录连续出版物的目录清单、相关元数据和其他技术支持。

第二节　采购模式与决策

一、采购模式

电子连续出版物的采购模式比较复杂,笔者试从以下几个角度对各种采购模式加以分类:

1. 从内容授权的角度分类

从内容授权的角度来讲,电子连续出版物的采购模式主要分为内容买断和租赁,或称永久访问和年度订阅模式。

所谓买断或永久访问,即图书馆对订购付费时段出版的电子连续出版物享有永久使用权,即使图书馆不再订购连续出版物后续出版的内容后,仍拥有访问付费时段出版的电子连续出版物的权利。对于有永久使用权的电子连续出版物,出版社或以允许图书馆对付费时段出版的资源内容建立复本数据的方式,或以第三方长期保存的方式确保图书馆享有该权利。

所谓租赁或年度订阅模式,即图书馆仅在付费年度或许可协议所规定的时间段内对电子连续出版物享有访问权;超过时限后,图书馆将不再享有访问该资源的权力。

2. 从载体形式的角度分类

从载体形式的角度看,电子连续出版物的采购模式主要有纸电捆绑(P＋E)订购和纯电子版(E-Only)订购的模式。

纸电捆绑(P＋E)模式,即图书馆同时采购电子版和纸本连续出版物的采购模式。图书馆采取此种采购模式的原因一般有两个:一是在保持馆藏纸本文献连续性的同时满足用户对电子版的需求;二是"受惑"或"受控"于出版社的以下几种销售模式:①订购纸本,可免费或增加少量经费获取电子版访问权;②订购电子版,可免费或增加少量经费获取纸本;③电子版和纸本订购时不可拆分。

电子资源刚刚兴起之时,连续出版物的电子版通常只是作为纸本的补充,出版社的政策主要为"赠送电子版或仅付少量的费用即可访问电子版"。随着电子连续出版物平台的日益成熟以及用户越来越青睐电子版后,多数出版社也逐渐改成了以销售电子连续出版物为主,纸本反而成了附属品。采购外文连续出版物时,出版社还会对捆绑销售的连续出版物费用详细地分成"内容费""电子访问费""印刷版相关费用"三部分。

纯电子版(E-Only)模式,即图书馆只选择订购连续出版物电子版的模式。对于符合图书馆馆藏需求且出版社只提供电子版的连续出版物,图书馆只能采取纯电子版的采购模式。然而,图书馆绝大多数的纯电子版采购模式却是对纸本形式进行调整和削减、改订纯电子版的过程。

受连续出版物的涨价及图书馆经费不足等因素的影响,全球图书馆都在经历一个从纸本连续出版物向电子版转移的过程。然而,纸电的取舍需要有科学依据,不能盲目进行。例如,图书馆的职能定位如果不侧重于文献的长期保存,对于利用率较高、半衰期较长或具有某些特殊保存价值的连续出版物,图书馆可采取电子版和纸本形式并存的方式;对于时效性强、娱乐消遣类或属于交叉边缘学科的联系出版物则主要以电子版为主。从资源提供者方面看,如果电子版和纸本形式为同一出版商发行,电子版与纸本形式基本同步甚至电子版更快,图书馆则可以考虑停订纸本形式;如果电子版和纸本形式由不同的渠道提供,即电子版由集成商提供时,则一定要慎重停订纸本形式,因为集成商提供的电子连续出版物通常有一定的时滞,而且集成商的连续出版物平台上每年都会有部分品种由于种种原因而撤出,如果停订纸本形式可能会造成重要品种的不连续性,从而影响用户的使用。

3. 从产品打包程度分类

从提供商产品打包程度来讲,电子连续出版物的采购模式主要有数据库整包订购、分专辑或学科包订购、单种订购、按篇付费等模式。

　　数据库整包订购是电子连续出版物采购中最常用的一种模式。出版社或集成商将数据库整库销售,用户需要购买整个数据库中的所有连续出版物。目前多数数据库均采用整体销售的策略,图书馆传统的采选能力在新的电子资源采购模式下已经被弱化。以学术电子期刊为例,出版商通常将大量的非核心刊物与少量的核心刊物打包,采用"大订单(Big Deal)"的方式整包销售。即使许多图书馆发现,在已购电子期刊数据库(例如 Elsevier、Springer、Wiley-Blackwell 的"Big Deal"订单)中很多期刊的使用量为零,但是根据电子期刊的采购协议,图书馆仍不能随意选择停订这些期刊。

　　分专辑或学科包订购也是电子连续出版物采购常用的一种方式。尤其对于综合性的学术期刊数据库而言,由于期刊数量较多、价格较贵,为满足用户的不同需求,出版社会将数据库划分成不同的专辑或学科包,用户可以根据自己的需求选择购买不同专辑或学科的学科包。相对于整库采购而言,这是一种比较灵活的采购模式。但是,目前提供分专辑或学科包模式的出版社相对较少,同时,出版社提供的分专辑或学科包方案的平均刊价也相对较高。

　　电子连续出版物的单种订购类似于纸本形式的采购,只是后续的馆藏揭示和用户服务方式有所不同。不同电子连续出版物,图书馆采用单种采购的原因也会有所不同。例如,有些出版社会向其纸本形订户免费赠送相应的电子版,或将纸本形式与电子版捆绑销售,图书馆因此会获取相应的单种电子连续出版物;有些通过自有平台提供电子连续出版物服务的出版社可能会专门推出订购单种连续出版物的方案,图书馆可以根据馆藏需求采选其中的一种或几种;近年来,有些连续出版物不再出版纸本形式,图书馆不得不考虑单独订购这些品种的电子版。为更好地整合图书馆以单种订购方式引进的、分散在不同平台的电子连续出版物,有些集成商推出了电子连续出版物整合平台,例如 EBSCO 公司的"A to Z"、Ex-Libris 公司的"SFX"等。

　　电子连续出版物按篇付费(Pay-Per-View,以下简称 PPV)模式是指图书馆根据授权用户实际获取文章的篇数支付费用,用户通过中介或非中介模式获取文章的一种方式。近年来,图书馆采购的各种文献资源价格持续上涨,远远超出了图书馆经费投入的增长幅度,使得图书馆不得不精打细算,通过不同的方式使投入产出效益最大化。PPV模式可以使图书馆在取消部分连续出版物的订购后仍能保证用户从图书馆获取他们所需的文献,因此它逐渐成为图书馆的一种辅助性连续出版物采购方法。

4. 从采购机构的合作角度分类

从采购机构的合作角度来讲,电子连续出版物的采购模式主要有单馆采购、集团采购和国家采购等模式。

单馆采购,就是由单个图书馆和出版社或集成商进行商榷、谈判购买其电子连续出版物的采购方式。20世纪80年代末,我国各图书馆开始引进外文电子连续出版物,采购形式以单馆自主采购为主。当时电子连续出版物数量较少,最初的电子版也多以磁盘、光盘复本存贮的单机检索形式为主。90年代开始,基于互联网的电子连续出版物逐渐兴起。随着各图书馆外文电子连续出版物馆藏需求的逐渐增大,外文电子连续出版物的价格也大幅增长,集团采购在我国也因此而兴起。

集团采购,即多个图书馆组织起来,联合采购某种资源,以最少的经费,获取最优价格、最佳服务和最符合需求资源的采购方式①。集团采购是网络环境下实现资源共享、消除数字鸿沟的文献资源采购方式,它改变了图书馆各自为政、自行采购的传统采购方式,能够在一定程度上降低采购成本,节省人力、物力。我国的集团采购始于1998年,以 CALIS 的学术电子期刊组团采购为重要标志②。目前越来越多的图书馆和文献信息机构参加到了集团采购中来,以高校为龙头的集

---

① 肖珑,姚晓霞.我国图书馆电子资源集团采购模式研究[J].中国图书馆学报,2004(5):31－34.

② 杨毅,周迪,刘玉兰.集团采购——购买电子资源的有效方式[J].大学图书馆学报,2004(3):6－9.

团采购大大丰富了我国教学和科研的文献资源服务体系。

国家采购所界定的"国家"一词有两层含义①：一是国家政府参与电子资源建设，这种参与是多种多样的，经费的资助是部分的或是全部的；二是所购买的电子资源访问面积覆盖了国家的大多数科研、高校等文献收藏和利用机构，而不一定是全国的每一台计算机或是每一个具体用户。国家采购是数字资源的一种整体化建设方式，是从集团采购发展出来的一种电子资源采购方式。1997 年，国家自然科学基金委和美国《科学》(Science)周刊达成协议，购买了 Science Online 在中国的使用权，这成为我国首例全体公民可以免费访问的电子资源。

二、采购方案的制定

采访人员汇集前期的采集信息和试用数据后，应根据具体的馆情制定详细的采购方案。采访人员可以为同一种电子连续出版物产品拟定多种方案，并陈述不同方案的利与弊，供决策层参考。

采购方案至少应包括以下内容：

（1）产品名称、出版社或集成商名称与产品简介

采购方案除应包含产品名称、出版社或集成商的名称外，还应对电子连续出版物产品进行简单介绍，内容包括收录品种数、收录内容的年代范围、学科分布情况、语种等。

（2）与现有馆藏重合情况

采购方案所反映的产品与馆藏重合情况应包括两方面的内容：一是电子连续出版物产品中所收录品种是否符合图书馆馆藏发展政策；二是其收录品种是否与现有馆藏重复，如有重复，应列出重复品种数量、重复比例、重复品种分布在哪些学科、现有馆藏收录的完整性等。

（3）试用数据及评估意见

电子连续出版物产品在提供试用结束后，采访人员应对试用期间的使用统计数据进行分析。连续出版物的使用统计数据主要包括访

---

① 　强自力.电子资源的"国家采购"[J].图书情报工作,2003(4):91 - 94.

问量、检索量、下载/浏览量和被拒访问量等。如有条件,采访人员还应对用户类型、下载/浏览文章所属学科和年代作进一步分析。给出评估意见时,采访人员还应参考试用期间用户对平台的评价、出版社或集成商的服务提供情况、产品收录品种被索引文摘数据库收录情况、各品种影响因子等因素。

(4)采购模式与价格

采购模式的选择是制定采购方案最重要的环节。产品的价格也会因采访模式的不同而产生较大的差异。制定采购方案时,采访人员应根据具体的馆情选择纸电同时采购还是纯电子版的模式,永久访问模式还是订阅模式,整包、分包、单种还是按篇付费的方式,参与集团采购还是单馆采购等。采访人员选择了适合本馆馆情的一个或多个采购方案后,应逐一向出版社或集成商询价,并进行价格谈判,为图书馆争取最大的利益。

在选择采购方案时,笔者之所以未提到国家采购模式,主要是因为该采购模式并不适合大多数图书馆。目前,实施过国家采购行为的图书馆主要有国家图书馆和 NSTL。国家图书馆和 NSTL 已为全国各类型图书馆、科研机构或其他非营利性组织机构开通了 60 个国家采购电子连续出版物数据库。这一类连续出版物的主要特点是回溯性、具有永久保存价值、各图书馆保有率低的学术期刊。通过国家采购方式购买的外文电子连续出版物产品,不但可以弥补我国早期由于特定历史原因造成的重要外文文献的全国性缺失,还可以通过国家谈判的方式降低采购费用,推进电子资源的引进和服务。

(5)国内保有情况

国内保有情况主要是指方案中所列电子连续出版物产品在国内是否已有订户、有多少、有哪些家。这些情况是图书馆做横向比较的重要参考数据,既便于图书馆衡量目标产品的价值,又便于了解与本馆联系紧密的图书馆的馆藏情况,避免重复订购那些可以共享的资源。

三、决策

决策行为其实是贯穿于电子连续出版物采访流程之中的。例如在电子连续出版物的信息采集、评估和方案制订环节中均存在着采访人员的决策行为。但本节所涉及的采购决策是综合性决策，即图书馆决策层依据采访馆员所整理的综合评估报告，多方听取专家意见，最终做出是否订购电子连续出版物的决策。

图书馆的电子连续出版物采购决策通常是由馆藏资源建设委员会或类似组织集体讨论做出的。在收到采访人员所制定的采购方案后，图书馆相关业务部门召集图书馆各相关部门的领导和专家，根据电子资源综合评估报告，针对电子资源产品进行集体讨论和研究，并最终出具采购意见。

第三节　许可协议与合同

确定了采购方案后，图书馆的采访人员、国有资产管理人员、财务人员、法务人员需要与出版社或集成商进行一系列的商务活动。商务活动的主要内容包括审核出版社或集成商的许可协议、协商拟定合同条款、付款等。一般而言，大多数图书馆都不具有出版物进口资质和外汇额度，因此图书馆向出版社或集成商付款时需要通过有出版物进口资质的代理商代付外汇，采购合同的另一签署方也应为代理商。

一、许可协议

许可协议是出版社或集成商等许可人与图书馆等被许可人之间就电子连续出版物产品的使用问题而规定双方的权利和义务的协

议①。许可协议是图书馆电子连续出版物使用时所遵循的重要法律文本,一经签署即产生法律效力。各签署方若有违约,将会承担相应的法律责任,因此审核许可协议是图书馆相关业务人员的重要工作。协议签署前,图书馆方应积极根据本方的合理要求与出版社或集成商协商修改或增减条款,避免签订对图书馆不利的协议条款,维护图书馆的合法权益。

审核许可协议条款时,至少应注意以下几个方面的内容:

(1)许可使用的内容

确认协议中许可人许可使用的连续出版物内容和数量与既定方案一致。

(2)授权用户的定义

通常情况下,出版社或集成商针对高校图书馆、专业图书馆的许可协议会将授权用户定义为在校教职工与在校学生。但部分高校或专业图书馆可能会对社会大众开放,授权用户的定义应对此予以明确。此外,出版社或集成商通常将公共图书馆作为另案对待,在用户定义上往往比高校或专业图书馆的范围还要窄②,采访人员应积极争取更加宽泛的用户定义,从而享有更大的资源使用权利。

(3)合理使用问题

所谓合理使用,即授权用户在协议规定的条件下,不必征得版权人的同意,也不必另外向其支付报酬的合法使用行为。有关合理使用的条款是许可人和被许可人关注的焦点问题。被许可人及其授权用户可以因教育、研究或其他非商业目的,按照协议条款和条件以多种方式使用被许可的电子连续出版物。使用方式包括浏览、下载、打印、备份、引用、学术交流、馆际互借和文献传递等。对于使用方式,图书

① 潘菊英,朱远坡.图书馆电子资源许可协议条款研究[J].图书馆论坛,2011(4):106-108.

② 张炜.电子出版物采访中数据库合同签订问题初探[J].图书馆杂志,2006(1):22-23,40.

馆可以要求出版社或集成商对使用方式做出明确的规定,以避免日后产生不必要的纠纷。

上述使用方式中,各出版社或集成商对于馆际互借和文献传递的约定条款会有一定的差异:有些出版社或集成商只允许以硬拷贝方式传递单篇文章、有的则明确不允许文献传递行为、有的则无明确条款约束。因此,图书馆应尽量向出版社或集成商争取允许图书馆为非商业目的的学术研究或个人学习而进行少量文章的文献传递,文献传递方式应包括但不限于邮寄、传真或电子传送方式。

(4)长期保存或存档问题

文献的长期保存是图书馆基本职能的体现。一般而言,许可协议中会包含产品的存档保护或永久访问的解决方案,例如产品是否加入了 LOCKSS 或 Portico 等长期保存联盟、是否参与了国家性质的长期保存项目、出版社或集成商是否有异地备份数据等。

如果电子连续出版物的采购模式是永久访问模式,图书馆应针对本馆的存档权、存档方式、存档中的技术问题以及法律问题等与出版社或集成商进行协商,并将协商结果一并写入协议中。

(5)协议双方的责任与义务

在许多外文电子连续出版物产品的许可协议中,出版社或集成商往往只拟定了图书馆方面应该承担的责任,例如告知授权用户合理使用资源并尊重知识产权的责任、监督授权用户使用行为的责任、发现授权用户违规使用后立即加以阻止并及时告知许可人的责任等。如遇此种情况,图书馆应要求增加许可人的责任与义务,例如确保许可使用资源的可获取性、保持服务的连续性和完整性、确保服务质量等。

(6)使用统计数据问题

使用统计是文献资源评价和用户行为分析的重要数据,也是衡量采访工作和服务成效的依据。目前,多数学术电子期刊平台都支持COUNTER 统计标准和 SUSHI 收割协议,因此其统计数据符合图书馆数据分析的要求。但有些电子报纸数据库和部分非学术类期刊数据库的使用数据可能会采用不同的统计标准,因此图书馆应针对此类资源要求出版社或集成商提供相关的使用统计报告,并将此要求纳入协议中。

(7)担保条款

电子连续出版物产品的许可协议一般会包含担保及赔偿的条款。这些条款的内容包括但不限于以下内容:出版社或集成商须担保产品内容均无知识产权纠纷,并负责赔偿因授权资料侵权问题给被许可人所带来的任何损失、伤害、债务以及相关费用;保证被许可人及其授权用户对产品访问的连续性和完整性,并承担因网络访问中断而给被许可人造成的损失;产品平台具有保护被许可人及其授权用户信息及使用数据的安全技术;协议的中文和英文文本具有同等法律效力。

(8)适用法律问题

根据《中华人民共和国合同法》第一百二十六条的规定[①]"涉外合同的当事人可以选择处理合同争议所适用的法律,但法律另有规定的除外。涉外合同的当事人没有选择的,适用与合同有最密切联系的国家的法律",出版社或集成商所提供的许可协议可以将适用法律约定为他们所在国家的法律。他们往往也是这样在协议中拟定的。如遇此种情况,图书馆应与出版社或集成商进行谈判,将适用法律修改为中国的相关法律,仲裁机构为中国的仲裁机构。

二、采购合同

虽然许可协议的签署双方是图书馆和出版社或集成商,但采购合同却会有两种情况:一种是具有出版物进口资质的图书馆,直接与出版社或集成商签署采购合同;另一种是图书馆不具有出版物进口资质,采购合同签署双方为图书馆和代理商。通常,我国的图书馆大多不具有出版物进口资质和外汇额度,因此采购合同的签署多属于第二种情况。

---

① 中华人民共和国合同法[EB/OL].[2016-01-05]. http://www.gov.cn/banshi/2005-07/11/content_13695.htm.

合同签署时,图书馆需注意约定代理商的职责,一般包括如下几点:

①负责对图书馆订购的外文电子连续出版物进行内容审查;

②协助外文电子连续出版物的权利人完成有关进口的审批、备案工作,确保外文电子资源内容符合新闻出版行政管理部门的要求;

③负责办理外文电子连续出版物的报关、免税等手续;

④对于图书馆订购的外文电子连续出版物服务期内出现的各种问题,负责协助图书馆与外文电子连续出版物的许可人进行协调、处理纠纷以及索赔;

⑤负责办理图书馆订购外文电子连续出版物的付款。

第四节　资源服务与续订

与纸本连续出版物的采访工作一样,电子连续出版物正式引进到图书馆后,采访流程并未结束。不同的是,纸本连续出版物需要监控到货情况,而电子连续出版物需要监控资源服务情况。

一、资源服务

1. 访问权限的开通与验收

许可协议和合同签署后,出版社或集成商会根据许可协议中登记的相关信息为图书馆开通电子连续出版物的访问权限。权限开通后,采访人员应对资源进行验收。验收项目如下:

①开通访问权限的连续出版物品种、覆盖年限等是否与许可协议相符;

②馆域内所有 IP 段是否均可访问;

③如果许可协议允许图书馆的授权用户远程登录,需检测远程访问是否正常;

④出版社或集成商提供的管理员账号和密码是否能正常使用。

2. 资源整合与揭示

目前,图书馆整合与揭示电子连续出版物的方法多种多样。例如,建立电子期刊、电子报纸的 A to Z 导航,利用 OPAC 整合连续出版物的书目信息及全文连接,使用跨库检索系统实现一站式检索,将电子连续出版物相关元数据灌装至图书馆馆藏发现系统等。

电子连续出版物的访问权限开通后,图书馆应立即着手资源整合与揭示工作。采访人员需要积极配合编目和系统管理人员整理电子连续出版物产品的相关数据:

①产品目录及各连续出版物品种的收录年限;

②平台的互联网链接地址;

③根据图书馆需求向出版社或集成商索取各类元数据,如连续出版物书目(title)级别的 MARC 数据、文章(article)级别的元数据、用于全文检索的全文文档数据等。

3. 宣传与培训

由于图书馆的电子馆藏越来越多,图书馆参考咨询人员、相关阅览工作人员、最终用户不可能实时了解到图书馆新增的电子资源产品,更不可能快速地掌握相关资源的检索技能。此外,受知识结构和技能结构差异的影响,用户对各种信息的接收能力也存在一定的差异。因此,采访人员需要加强对新增电子连续出版物资源的宣传并适时开展相关培训工作。除开展常规的信息资源检索培训外,采访人员还应按需邀请出版社或集成商进行产品内容和平台使用的培训课程。

4. 使用统计与分析

在电子连续出版物的使用统计数据中,学术期刊的平台一般采用 COUNTER 标准,电子报纸、连续性引文索引文摘数据库则会采用其他的统计标准。无论采用何种统计标准,各资源的统计项目一般都能达到图书馆使用统计与分析的最低要求,即至少应包含如下统计项目:访问量、检索量、全文浏览/下载量、被拒访问量。此外,各平台一般都能达到按每个机构的 IP 段或账号信息以年、月、日为主要统计时间单位提供使用数据。采访人员定期收集到各连续出版物产品的使用统计数据后,应按产品平台、学科领域、发行年度、用户类型等进行多维度的馆藏利用分析。外文电子连续出版物的使用统计与分析不是简单的数据收集、分析和处理。它作为馆藏资源建设评估中的一项重要指标,对图书馆进行馆藏资源综合评估、了解用户信息需求、规划馆藏资源建设方案、合理调整馆藏布局等工作均具有重要的参考作用。

二、续订

续订是电子连续出版物采访周期的最后一个环节,也是下一个采访周期的第一个环节。在电子连续出版物产品的许可协议和采购合同即将到期之时,图书馆需要对该产品进行再评估,并根据评估情况制定续订方案。制定续订方案时需考虑如下几个因素:

①馆藏发展政策是否有新的修订。

②分配给连续出版物的馆藏建设经费情况。

③电子连续出版物产品的价格涨幅。

④使用情况。参考使用统计数据中各项目的使用量与订购价格,核算使用成本。横向比较不同连续出版物品种或平台的使用情况。如果是多年连续订购的产品还应纵向比较各年度的使用情况。

⑤出版社或集成商的服务与技术支持情况。

⑥用户对连续出版物的内容质量、检索平台易用性等方面的评价反馈。

由于在新增订时,资源建设委员会或类似的专家小组曾对连续出版物的内容质量、是否符合馆藏发展政策等进行了讨论,因此续订方案完后,各图书馆可根据不同的馆情上报相关部门或领导审批。但是,当遇到馆藏发展政策修订、馆藏建设经费大幅调整、电子连续出版物产品价格涨幅较大等特殊情况时,采访人员须提请专家组讨论。

第七章 外文连续出版物馆藏建设的评价

第一节 评价的目的与意义

一、评价的目的

馆藏资源建设评价是图书馆馆藏建设和发展的重要环节。它不仅可以反映一个阶段的馆藏建设质量情况,还可以为下一阶段制定或修订馆藏发展政策、开展馆藏资源采访工作提供有力的依据。可以说,馆藏资源建设评价在馆藏建设工作中起到了承上启下的作用。有了这一环节后,图书馆的馆藏建设工作才能够循序渐进、不断完善。

外文连续出版物作为文献资源建设的一个组成部分,是衡量图书馆馆藏质量的重要参考,也是代表图书馆馆藏特色的标志。然而,由于外文连续出版物具有类型复杂、品种多、价格高、载体形态不一、质量参差不齐等情况,因此,图书馆在进行外文连续出版物的馆藏建设时存在很多困难。

首先,由于外文连续出版物种类繁多,价格昂贵,并且每年的平均涨幅都高达6%—8%。我国许多图书馆每年都会将很大比例的馆藏建设经费用在采购外文连续出版物上。然而,各图书馆馆藏建设经费的涨幅却远远跟不上外文连续出版物的价格涨幅。图书馆购买力的下降与外文连续出版物价格的节节攀升形成了较为尖锐的矛盾。我国大多数图书馆每隔几年,甚至每年都会对外文连续出版物的订购结构进行调整。

其次,据《乌利希全球连续出版物指南》统计,全球在发行中的连续出版物数量高达36万种之多,仅学术期刊也已达到13.9万种。由于学术期刊的连续性、专业性、规律性、系统性等特点造就了其令人惊叹的增长速度和数量。早在 20 世纪 80 年代，就有学者对学术论文的增长进行了统计，当时全世界每年发表的科学论文便达到了 500 万篇，平均 35 秒一篇①。与此相比，我国外文连续出版物（主要以外文学术期刊统计）订购品种数最多的图书馆也不过近万种而已，并且图书馆之间多有重复。因此，如何才能在众多连续出版物中选出符合馆藏发展政策、满足广大用户需求、节约馆藏建设经费的品种，成了采访人员乃至整个图书馆的棘手问题。

再次，在连续出版物的馆藏形式方面，目前大多数图书馆都是以纸电结合的方式引进。由于纸本和电子形式的连续出版物都分别具有自己的特点和优势，分别面向不同的用户群体和特定的需求。据调查，年长的用户往往习惯于阅读纸本形式的资源，而年轻的用户则更加青睐电子形式的资源；科研人员从事教学时更倾向于使用纸本形式的资源，从事科研工作时电子形式的资源却成了他们的首选②。由此可见，用户类型越多，其需求形式也越多、信息需求目的差异也越大，图书馆的馆藏建设就越难开展。如何选择馆藏外文连续出版物的载体形态，也成为图书馆馆藏建设的一大难题。

因此，只有综合连续出版物的各种评价要素，建立起一套科学的评价体系，才能够指导连续出版物的科学采购，使图书馆外文连续出版物的馆藏建设能够持续地、健康地发展，最大限度地满足各类用户的需求。

二、评价的意义

通过对外文连续出版物馆藏建设的评价，图书馆可以在一个全新的视野和基点上重新审视并调整馆藏结构，制定一个合理的馆藏外文

---

① 段玉思.国外学术期刊商业化出版竞争格局演进分析[J].中国科技期刊研究,2007(6):981-983.

② 马红月,张梅,黄文,等.馆藏外文期刊评估指标体系的构建探讨[J].现代情报,2009(10):26-28,36.

连续出版物调整策略,满足图书馆馆藏发展政策及用户的需求。具体而言,连续出版物馆藏建设的评价,具有以下应用价值和意义:

①为图书馆制定外文连续出版物馆藏发展政策提供理论和数据支持。

②优化馆藏体系结构,体现外文连续出版物的存在价值。通过分析馆藏资源的结构和学科分布情况,调整纸本和电子形式连续出版物的比例,使馆藏结构逐步优化,更大程度地符合馆藏建设的需求。

③有助于提高外文连续出版物馆藏建设的投入产出比,精选精购连续出版物品种。许多外文连续出版物的价格逐年上涨,迫使图书馆逐年追加采购经费,否则就不能保持连续出版物的连续性和完整性。合理的馆藏建设评价能够为图书馆引进外文连续出版物提供评估依据。

④有助于了解纸本与电子馆藏及各电子连续出版物产品之间的关系,进一步提高管理和服务水平。

⑤有利于提高图书馆的科研水平。外文连续出版物馆藏评价是科研工作的重要内容,这项工作需要大量起点高、能力强、基础好的员工参与进来。这对参与馆藏评价的人员是一种很大的挑战,也是一种很好的锻炼。

第二节　评价的原则与元素

一、评价的原则

1. 科学性原则

科学性是一切科学工作所必须具备的准则。外文连续出版物馆藏建设评价是一项严谨的、规范的科学研究工作。各种评价指标的选取、评价标准与程序的制定、评价方法的选择等都必须具有科学性,都需要建立在认真研究、大胆探索的基础之上。

2. 目标性原则

外文连续出版物馆藏建设评价的主要目的是为满足用户社会活动、科学研究、学术交流、信息知识传递等方面的需求而进行的资源保障建设研究。因此,该评价应坚持目标性原则,明确评价的对象,科学地分析评价对象的属性、特征、发展状况等,进一步了解评价对象存在的问题,并针对这些问题提出有效的改进措施。由于连续出版物具有多样性的特点,因此图书馆在设置评价指标、制定评价标准时应抓住它们的共同之处,建立具有普适性的评价体系。

3. 完整性原则

完整性是指评价体系应尽量全面地、完整地反映和度量被评价的对象。因此,在选取评价元素和标准时,必须系统地、全面地考虑各种影响因素。

4. 准确性原则

准确性原则主要指评价元素的准确性。图书馆选取评价元素时,应清楚地理解评价元素的含义,如果不清楚其内涵就会影响评价的结果,甚至使评价无法进行。

5. 可量化原则

图书馆在选取评价元素、建立评价制度时,应考虑到评价元素的可量化性。即使是一些定性元素,也应寻求合理的算法和加权工具进行恰当的处理。

6. 代表性原则

影响外文连续出版物馆藏建设的因素十分广泛。评价时,虽然需要尽量系统地、全面地考虑各种影响因素,但却很难把所有的影响要素都包含在内。因此,在对某一具体对象进行评价时,既要全面分析其相关因素,又要抓住主要矛盾,选择最能反映评估对象水平的因素。

二、评价的元素

目前,国内外对单种外文连续出版物的评价都有较为完整的指标体系,图书馆采访人员在实际的连续出版物采选工作中常常借鉴这些评价指标来甄别它的质量以及是否符合馆藏需求。我国各图书馆在针对外文连续出版物的馆藏建设进行评价时,除借鉴这些指标外,还将连续出版物的保有量、使用量、使用成本等元素纳入了评价体系。具体而言,外文连续出版物的馆藏评价主要包括以下三个方面:

1. 数量评价

数量评价,即对图书馆外文连续出版物保有量的评价,具体又分为年度订购量和积累订购量。

(1)年度订购量

年度订购量是指本年度外文连续出版物订购的品种和单册数量。它可以反映出图书馆在外文连续出版物上的资金投入,从而揭示图书馆对外文连续出版物的重视程度;也可以反映出各学科领域的种类、数量、结构、配置以及布局,揭示出图书馆外文连续出版物的保障程度。此外,年度增订或消减的种类和数量还可以反映出各学科领域的需求和连续出版物自身的竞争消长势头。在馆际之间的资源共建共享方面,采访人员可以将本馆年度订购情况与合作馆订购情况进行比较,找出各自的问题与不足,从而促进馆际之间的合作。

(2)积累订购量

积累订购量是指图书馆建馆以来外文连续出版物馆藏建设累积的总品种和单册数量。它可以用于揭示图书馆外文连续出版物逐年增长的幅度和发展情况。对于积累订购量,采访人员可以对建馆以来的馆藏总量进行统计分析,也可以根据需要选取某阶段的馆藏量进行统计。

2. 质量评价

评价某一连续出版物(主要是学术期刊)的质量或是它在所属学科领域中的影响力,可通过以下几方面来衡量:

(1)影响因子

影响因子(Impact Factor,简称 IF)是期刊引用报告(JCR)中的一项数据,即某期刊前两年发表的论文在该报告年份(JCR year)中被引用总次数除以该期刊在这两年内发表的论文总数。这是一个国际上通行的期刊评价指标。它不仅是一种测度期刊有用性和显示度的指标,而且也是测度期刊的学术水平,乃至论文质量的重要指标。一般来说影响因子高,期刊的影响力就越大。对于一些综合类,或者大项的研究领域来说,因为研究的领域广,所以引用率也比较高。然而,影响因子虽然可在一定程度上表征其学术质量的优劣,但影响因子与学术质量间并非呈线性正比关系。从计算公式看,影响因子虽然只和被引次数和论文数直接相关,但实际上,它与很多因素有密切联系。决定影响因子大小的因素现主要有:①论文因素;②期刊因素;③学科因素;④检索系统因素;⑤名人效应的影响等。

(2)被知名检索工具收录情况

每种检索工具收录的连续出版物都有自己的标准,一些知名的检索工具收录的都是各学科专业的核心特色刊物。从某一种连续出版物被专业检索工具收录的情况,可以看出该连续出版物的重要性。

(3)权威性

连续出版物的权威性,主要指出版者、编委会成员等在本领域中的声誉情况。出版机构不同,连续出版物的质量也不同。由学术信誉较高的出版社出版的连续出版物一般更值得信赖。对学术期刊而言,编委会成员的知名度高,国际性强,期刊的专业水平一般也比较高。另外,是否为同行评审期刊也是学术期刊权威性的重要参考因素。

(4)被引用总量

被引用总量主要指在期刊引用报告(JCR)中报道的期刊被引用的总次数。该指标能反映期刊被利用的频率。一般来说,被引次数多,说明该刊的影响力大。

(5)时效性

衡量学术期刊时效性的主要指标是论文发表时滞(Delay for Publication of Articles,简称 DPA)。所谓 DPA,即出版单位收到稿件至稿件发表的时间。它是衡量期刊时效性的重要指标。DPA 的延长对期刊稿源质量与数量、刊物声誉均会造成不良影响。许多科研领先信息会因 DPA 的延长而失去价值,论文也就失去了应有的意义。只有缩短 DPA,才能提高论文的时效性。因此,DPA 多用于衡量科技期刊的时效性。

(6)被引半衰期

被引半衰期(Cited Half-life),是指某一期刊的论文在某些年被引用的全部次数中较新的一半被引论文发表的时间跨度。换言之,从以前某时刻到现在的时间跨度 N 年内的引用数占该期刊自创办起至今的总引用数的一半,这个 N 年就是半衰期。它是衡量期刊老化速度快慢的重要指标。

3. 利用评价

一般而言,图书馆馆藏纸本外文连续出版物均不提供外借服务,因此纸本期刊的利用主要通过阅览量和文献传递量来衡量;电子连续出版物的利用主要通过使用统计数据来衡量。此外,高校图书馆和专业图书馆还会将本单位发文量和引文量作为外文连续出版物馆藏评价的重要指标。

(1)阅览量

阅览量即图书馆馆藏连续出版物被用户阅览使用的种类、数量及阅览人次。由于各图书馆的外文连续出版物现刊馆藏都采用开架阅览的形式,因此除阅览人次外,其他阅览量的统计都比较困难,通常需要用户的密切配合才能完成。有的图书馆采用填写复制申请单的方式来统计连续出版物的有效利用率;有的图书馆则在阅览书架上粘贴表格,让用户在取刊阅览的同时进行登记。

(2)文献传递量

文献传递量即图书馆连续出版物用于满足馆际之间文献需求的数量,它也是反映馆藏连续出版物质量优劣的重要指标。目前,大多数图书馆都建设有馆际互借和文献传递系统,很容易获取连续出版物的文献传递情况。

(3)使用统计数据

对于电子连续出版物,多数产品平台都具有标准的使用统计功能。使用统计数据分析包括使用统计项目本身和增长率两个方面的内容。其中,使用数据一般包括访问量、检索量、下载或浏览量、被拒访问量。针对同一产品在不同年份统计时应尽量保持连续性,而针对不同产品在同一年份统计时,不用刻意保持统一,但对于不同的度量单位应清楚标明,以免混淆。增长率是指本年度与上一年度的使用增长情况,包括登录增长率、检索增长率、全文下载(使用)增长率、被拒访问增长率。

(4)馆藏成本数据

馆藏成本是指导图书馆管理和采购的重要指标,通过成本—效益的分析,可以掌握各类资源的馆藏效益,对制定以后的图书馆馆藏发展策略具有较大指导意义。由于馆藏成本包括了固定成本、弹性成本和机会成本,其计算较为复杂。因此在实际操作时,采访人员可以将其简单化,将某一年度或某几年度资源采购价格和对应时间段内的使用量相比较,获得单位使用成本。

(5)本单位作者引用量和本单位作者发文量

本单位作者引用量和本单位作者发文量多用于高校图书馆和专业图书馆的外文连续出版物馆藏评价。

本单位作者引用量是指图书馆员工和图书馆上级单位所属人员(对高校图书馆和专业图书馆而言,主要指教职工、学生、科研人员等)在发表的文章中和撰写的学位论文中引用本图书馆所收藏的各种外文连续出版物的文章数量。采访人员既要统计本图书馆收藏所有外文连续出版物的本单位作者引用量,也要统计各学科领域及单种连续出版物的本单位作者引用量,从而掌握用户对馆藏外文连续出版物的整体需求情况和个体需求情况。

本单位作者发文量是指图书馆员工和图书馆上级单位所属人员(对高校图书馆和专业图书馆而言,主要指教职工、学生、科研人员等)在本图书馆所收藏的各种外文连续出版物上发表的文章数量。采访人员既要统计本单位作者在图书馆收藏的所有外文连续出版物上发表的文章数量,也要统计在各学科领域及单种连续出版物上发表的文章数量,从而掌握馆藏外文连续出版物对用户的整体价值和个体价值。

第三节　评价的方法与操作

一、评价的方法

外文连续出版物馆藏建设评价工作涉及的元素众多,必须通过馆藏量、采购价格、各品种质量、使用成本等诸多因素综合判断,是一个综合评价的过程。因此,各图书馆开展外文连续出版物馆藏建设评价的工作时,不能仅靠某一种方法,而应该是多种方法的综合。下面介绍几种常用的评价方法。

1. 指标法

指标法是指利用现有国际通行的连续出版物评价指标和图书馆自行设置的连续出版物评价指标,对馆藏外文连续出版物进行评价的方法。所谓国际通行的连续出版物评价指标主要包括前述的影响因子、被引用总量、被引半衰期、论文发表时滞、各种标准的使用统计数据等。图书馆自行设置的指标主要包括馆藏量的相关数据、文献传递数据、馆藏成本等。

由于这些指标具有相对的客观性和科学性,因此利用上述指标对馆藏连续出版物进行评价是目前比较流行的方法。

2. 比较法

连续出版物的馆藏评价通常是一个对多种连续出版物及电子连续出版物品种进行比较的过程。图书馆通过对多种连续出版物及电子连续出版物产品的相互比较,发现各自的高低优劣,从而评价馆藏情况。一般而言,比较法包括纵向比较法、横向比较、馆际比较法等。

纵向比较法是指图书馆对本馆外文连续出版物馆藏建设与服务的历史性审视和对比,主要是通过多年的馆藏建设和服务情况,厘清发展脉络和轨迹,发现馆藏的优缺点,为今后的馆藏建设提供参考依据。

横向比较法是将图书馆外文连续出版物的馆藏建设与服务和其

他类型的馆藏资源进行比较。这种比较有利于发现本馆外文连续出版物的馆藏建设在整个图书馆资源建设中的地位、作用和成效,从而发现外文连续出版物馆藏建设的优势和不足。

馆际比较法是指将本馆外文连续出版物的馆藏建设情况与其他同类型图书馆的馆藏情况进行对比。对比的元素可以包括馆藏量、学科配置、资源布局、用户使用、共建共享等。通过馆际的比较,各图书馆可以发现本馆的馆藏优势和差距。

3. 专家评价法

专家评价法是指图书馆通过组织馆内外专家和学者对本馆外文连续出版物馆藏建设进行评价的方法。一般而言,图书馆内部组织的专家主要包括连续出版物相关工作的业务骨干,参考咨询馆员,其他类型文献的采、编、阅的业务骨干等。馆外专家主要包括其他图书馆负责相关工作的专家、图书馆重点学科文献建设的相关学科专家和学者等。

专家和学者的评价或多或少都会受自身经验、心得、研究领域等方面的影响,评价结果往往具有一定的主观性,因此采访人员应将评价结果与其他客观数据进行对比后酌情采纳。

4. 用户评价法

用户评价法通常作为外文连续出版物馆藏评价的辅助性方法。组织用户对馆藏进行评价之前,图书馆应事先拟定需要评价的项目。图书馆可以采用座谈会、调查问卷、网上评价等方式对需要评价的具体内容向用户咨询意见,并了解他们对图书馆外文连续出版物馆藏的认识和利用情况。用户是图书馆馆藏文献的使用主体,因此他们对图书馆馆藏文献质量和服务的优劣最有发言权。从文献利用的角度看,他们的评价也会更加具有针对性,更容易让图书馆了解到外文连续出版物馆藏建设工作的优缺点。

二、评价的操作

外文连续出版物馆藏建设的评估工作不仅可以使图书馆了解本

馆馆藏资源的质量和服务情况,而且还可以了解本馆馆藏满足用户需求的情况和资源建设的成本,从而提高图书馆采选外文连续出版物种类的科学性,改进外文连续出版物馆藏的服务方式,提高用户满意度。从实际操作角度来看,馆藏建设的评估结果也是采访人员做出新订、续订和停订决策的重要依据和辅助工具。

出于对采访周期的考虑,为便于对各项数据的提取,并保证评估工作的连贯性、系统性,图书馆在建立好评估机制后,应在年初对上一年或几年的外文连续出版物馆藏建设、使用和服务情况进行整体的评估,或在年度集中订购前进行评估。在年初进行评估的优势在于可以获得上一年完整的使用统计数据,对完整年度使用情况进行分析;在年度集中订购前进行评估的优势在于可以在续订工作之前完成评估,可以更有针对性地完成续订工作、调整下一年度的采访计划。采访人员可根据本馆实际情况选择评估时间。

评估期间,采访人员应完成的工作大致可分为三个方面:

1. 数据收集与整理

为保证评估的准确性和科学性,首先应按照统计标准收集本馆所有外文连续出版物的馆藏情况、质量评价指标、使用数据和经费支出,确保数据准确无误。其次,准备好过去一年或几年的评估报告,便于对比分析。进行统计数据整理时,要注意保持统计和整理标准的一致性。

2. 专家及用户意见调查与分析

专家及用户意见是馆藏资源建设和服务有效性的最直接反映。采访人员可定期或者不定期地采用座谈会、调查问卷、网上评价等方式,了解专家及用户对馆藏资源建设和服务的意见,对用户的满意程度和需求进行调研。

3. 数据计算与分析

数据分析工作是指采访人员根据已获得的数据,对馆藏情况、质量评价指标、使用数据和成本指标内容进行定量计算和定性分析,并根据定量计算和专家及用户调查结果,对外文连续出版物的整体质量、使用情况、成本进行分析、总结。

参考文献

[1] About Science & AAAS[EB/OL]. [2015 – 06 – 18]. http://www. sciencemag. org/site/help/about/about. xhtml.

[2] ANSI/NISO Z39. 56 – 1996(R2002) Serial Item and Contribution Identifier(SICI) (Inactive)[EB/OL]. [2015 – 06 – 10]. http://www. niso. org/apps/group_public/project/details. php? project_id = 75.

[3] Björk B. Open access to scientific publications-an analysis of the barriers to change? [J]. Information Research,2004,9(2).

[4] Black S. Serials in Libraries：Issues and Practices[M]. Westport：Libraries Unlimitd,2006.

[5] Budapest Open Access Initiative[EB/OL]. [2016 – 01 – 11]. http://en. wikipedia. org/wiki/Budapest_Open_Access_Initiative.

[6] Dolechek M. 2010 Study of Subscription Prices for Scholarly Society Journals[EB/OL]. [2015 – 11 – 03]. http://allenpress. com/system/files/pdfs/library/2015_Allen_Press_Study_of_Subscription_Prices. pdf.

[7] Fowler D. E-serials collection management：transitions, trends, and technicalities[M]. New York：Haworth Information Press,2004.

[8] Jursk D. 2013 Study of Subscription Prices for Scholarly Society Journals[EB/OL]. Allen Press[2015 – 07 – 06]. http://allenpress. com/system/files/pdfs/library/2013_AP_JPS. pdf.

[9] Lightman H,Blosser J P. Perspectives on serials in the hybrid environment[M]. Chicago：Association for Library Collections & Technical Services,2007.

[10] Millard S. Introduction to Serials work for Library Technicians[M]. New York：The Haworth Information Press,2004.

[11] Morris S. Open Access：How Are Publishers Reacting? [J]. Serials Review,2004 (4).

[12] Philip Babcock Gove and the Merriam-Webster editorial staff. Webster's third new international dictionary of the English language, unabridged[M]. Springfield, Mass. ：Merriam-Webster,2002.

［13］Read the Budapest Open Access Initiative［EB/OL］.［2016 – 01 – 11］. http://www. soros. org/openaccess/read.

［14］Suber P. Timeline of the Open Access Movement［EB/OL］.［2016 – 01 – 11］. http://legacy. earlham. edu/ ~ peters/fos/timeline. htm.

［15］Suber P. What is Open Access? An Overview［EB/OL］.［2015 – 06 – 30］. http://www. sspnet. org/documents/130_Suber. pdf.

［16］Thomson Reuters. Thomson Reuters Links-Open Access Journal List［EB/OL］.［2015 – 12 – 29］. http://science. thomsonreuters. com/cgi-bin/linksj/opensearch. cgi? letter = a.

［17］Ulrichs web Global Serials Directory［EB/OL］.［2015 – 06 – 11］. http://ulrichsweb. serialssolutions. com/.

［18］Velterop J. Open Access Publishing［J］. Information Services and Use, 2003 (23).

［19］What is ISSN-L?［EB/OL］.［2015 – 06 – 10］. http://www. issn. org/services/online-services/access-to-issn-l-table/.

［20］Zimerman M. Periodicals：print or electronic?［J］. New Library World, 2010, 111 (9/10).

［21］RDA 发展联合指导委员会. 资源描述与检索（RDA）［M］. RDA 翻译工作组, 译. 北京：国家图书馆出版社, 2014.

［22］埃默里. 美国新闻史：报业与政治、经济和社会潮流的关系［M］. 苏金琥, 译. 北京：新华出版社, 1982.

［23］蔡莉静, 陈晓毅. 图书馆期刊管理与服务［M］. 北京：海洋出版社, 2009.

［24］陈力. "开放获取" 刍论［J］. 国家图书馆学刊, 2007(2).

［25］陈力. 纸本期刊与电子期刊：国家图书馆与公共图书馆的两难选择［J］. 中国图书馆学报, 2003(6).

［26］陈凌, 姚晓霞. 中国高等教育文献保障系统共享服务及其成效［J］. 医学信息学杂志, 2010(1).

［27］戴磊. 西方主要国家对出版业的宏观管理［D］. 北京：中国人民大学, 2005.

［28］丁明刚. 高校图书馆学术期刊管理概论［M］. 合肥：合肥工业大学出版社, 2011.

［29］段玉思. 国外学术期刊商业化出版竞争格局演进分析［J］. 中国科技期刊研究, 2007(6).

［30］付晚花,肖冬梅.国际开放获取政策及其研究进展综述［J］.图书馆杂志,
2010(3).

［31］富平.中文连续出版物采访工作手册［M］.北京:北京图书馆出版社(今国家
图书馆出版社),2004.

［32］高红,朱硕峰,张玮.世界各国图书馆馆藏发展政策精要［M］.北京:海洋出
版社,2010.

［33］郭筱虹.中图刊号在外刊信息管理中的使用［J］.图书馆,2004(3).

［34］国家科技图书文献中心.全国开通现刊数据库［EB/OL］.［2015 - 11 - 06］.
http://www.nstl.gov.cn/NSTL/nstl/facade/exweb/electroicResource.jsp? i = 1.

［35］国家图书馆.国家图书馆年鉴2011［M］.北京:国家图书馆出版社,2011.

［36］何琳.美国大学图书馆电子期刊订购按篇付费(PPV)的实践［J］.图书馆杂
志,2013(10).

［37］胡德华,彭曼华,黄开颜,等.开放存取期刊研究［M］.长沙:中南大学出版
社,2013.

［38］教育部关于印发《普通高等学校图书馆规程(修订)》的通知(教高〔2002〕3
号)［EB/OL］.［2015 - 10 - 12］.http://www.moe.edu.cn/publicfiles/busi-
ness/htmlfiles/moe/moe_23/200202/221.html.

［39］经总署年检、核发了出版物进口经营许可证的出版物进口经营单位名单
［EB/OL］.［2016 - 01 - 11］.http://www.gapp.gov.cn/dwjlhz/dwjlhz_old/
contents/3646/141287.html.

［40］李爱群,赵智岗,邱均平.中美学术期刊评价存在的主要问题及未来评价方
向［J］.重庆大学学报:社会科学版,2010(4).

［41］李军英.电子期刊数据库订购过程中应注意的几个问题［J］.情报科学,2003
(6).

［42］李莉.电子期刊采购问题综述［J］.国家图书馆学刊,2006(1).

［43］李以敏,江丽丽.专业图书馆信息资源建设浅谈［J］.中国图书馆学报,2003
(3).

［44］李咏梅.高校图书馆电子期刊采访策略探讨［J］.四川图书馆学报,2008
(3).

［45］李咏梅,袁学良.论电子资源与纸本资源的协调发展［J］.中国图书馆学报,
2009(4).

［46］林愉珊,张慧铢.期刊使用率调查暨电子期刊馆藏发展之探讨:以台大医图

为例[J].大学图书馆(台湾),2001,5(1).

[47] 刘树春,何素清.电子期刊数据库的营销模式与采购策略[J].图书馆学研究,2009(1).

[48] 刘新周.我国高校图书馆引进外文电子信息资源的现状及趋势分析[J].图书馆论坛,2008(5).

[49] 刘兹恒.CASHL是我国信息资源共建共享的成功模式[J].大学图书馆学报,2006(5).

[50] 刘兹恒.对国家图书馆信息资源建设的一些思考[J].国家图书馆学刊,2008(3).

[51] 柳斌杰.中国出版年鉴2014[M].北京:《中国出版年鉴》杂志社有限公司,2014.

[52] 卢小敏.现刊催缺——图书馆期刊工作中一个不容忽视的环节[J].科技文献信息管理,2006(2).

[53] 罗祺姗,李欣,肖曼,等.图书馆引进电子资源的许可协议条款内容研究[J].图书馆建设,2015(7).

[54] 吕建辉.年鉴的价值及其编辑[J].中国科技期刊研究,2007(4).

[55] 马红月,张梅,黄文,等.馆藏外文期刊评估指标体系的构建探讨[J].现代情报,2009(10).

[56] 潘菊英,朱远坡.图书馆电子资源许可协议条款研究[J].图书馆论坛,2011(4).

[57] 齐东峰.浅析价格高企下的学术期刊危机[G]//国家图书馆外文采编部.数字时代的文献资源建设——第四届全国文献采访工作研讨会论文集.北京:国家图书馆出版社,2012.

[58] 强自力.电子资源的"国家采购"[J].图书情报工作,2003(4).

[59] 秦绪军.国外出版商发展数字出版的特点及给我们的启示[J].科技与出版,2007(12).

[60] 全国信息与文献标准化技术委员会.GB/T 3792.3—2009 文献著录 第3部分:连续性资源[S].北京:中国标准出版社,2010.

[61] 任毅军.国家图书馆外文期刊采选工作的调查与思考[J].北京图书馆馆刊,1999(3).

[62] 王缙.外文期刊:传统与现代的选择——关于印刷型与电子型外刊协调配置的思考[J].图书馆论坛,2009(4).

[63] 吴慰慈,蔡箐. 国家图书馆发展战略研究[J]. 国家图书馆学刊,2008(2).

[64] 吴雪芝,孙书霞,钟文娟. 美国大学图书馆按量付费期刊采购案例分析及思考[J]. 大学图书馆学报,2013(4).

[65] 肖珑,燕今伟,关志英. 高校人文社科外文资源的布局与保障方法[J]. 大学图书馆学报,2008(6).

[66] 肖珑,姚晓霞. 我国图书馆电子资源集团采购模式研究[J]. 中国图书馆学报,2004(5).

[67] 肖希明,仇晓惠. 新中国文献资源建设六十年[J]. 图书馆杂志,2009(7).

[68] 肖希明,张新鹤. 构建国家级人文社科文献资源保障与服务体系——《北京宣言》的理念与 CASHL 的实践[J]. 大学图书馆学报,2009(1).

[69] 阎雅娜. 高校图书馆采购印刷型外刊评价体系的研究[D]. 大连:大连理工大学,2005.

[70] 杨华青.《每日纪闻》文化史述略[J]. 新闻研究导刊,2015(11).

[71] 杨毅,周迪,刘玉兰. 集团采购——购买电子资源的有效方式[J]. 大学图书馆学报,2004(3).

[72] 杨玉麟,屈义华. 公共图书馆资源建设与服务[M]. 北京:北京师范大学出版社,2013.

[73] 姚福申. 最古老的报刊[J]. 新闻大学,1985(10).

[74] 袁海波. NSTL 资源与服务的发展[R]. 郑州:CALIS 第九届国外引进数据库培训周,2011.

[75] 曾燕,张建勇. SICI 标准及其应用[J]. 图书情报工作,2003(1).

[76] 张彬. 外文电子期刊全文数据库评价模型[D]. 南京:南京农业大学,2007.

[77] 张彩英. 中文科技期刊的缺期与补缺[J]. 图书情报知识,1991(3).

[78] 张宸. 世界报业发展的七大趋势[J]. 新闻与写作,2014(8).

[79] 张建,张苏. 电子期刊采购新模式——期刊定制[J]. 图书馆建设,2007(4).

[80] 张树华,赵华英. 新中国图书馆事业发展的一次浪潮——记"全国图书协调方案"及其协作、协调活动[J]. 中国图书馆学报,2009(3).

[81] 张炜. 电子出版物采访中数据库合同签订问题初探[J]. 图书馆杂志,2006(1).

[82] 赵燕群. 连续出版物工作[M]. 北京:北京图书馆出版社(今国家图书馆出版社),2001.

[83] 中华人民共和国合同法[EB/OL]. [2016 - 01 - 05]. http://www. gov. cn/

banshi/2005-07/11/content_13695. htm.

[84] 中华人民共和国著作权法[EB/OL]. [2016 - 01 - 12]. http://www. law-lib. com/law/law_view. asp? id = 310803.

[85] 朱硕峰,宋仁霞. 外文文献信息资源采访工作手册[M]. 北京:国家图书馆出 版社,2014.

附录 外文连续出版物采访工作常用工具

一、乌利希全球连续出版物指南(Ulrichsweb Global Serials Directory)

《乌利希全球连续出版物指南》,原名《乌利希期刊指南》(Ulrich's Periodicals Directory),是一部权威的、反映世界各国期刊和报纸出版信息的综合性指南。其电子版由美国 ProQuest 公司旗下连续出版物解决方案(Serials Solutions)部门出版,是一种针对全世界图书情报单位、出版商等设计的连续出版物指南类的数据库。该数据库全面提供全世界权威出版社出版的连续出版物的详细信息。它收录了世界上定期及不定期发行的期刊、报纸、年鉴等约 72 万种,其中在发行中的(Active)近 36 万种。连续出版物的信息主要包括它们的分布状况、详细介绍、有关评论、联系地址、URL 链接等。

二、乌利希连续出版物分析系统(Ulrich's Serials Analysis System)

《乌利希连续出版物分析系统》利用《乌利希全球连续出版物指南》在连续出版物方面的权威书目数据,以第三者公正立场,帮助用户"客观"地评估、分析期刊馆藏,制作有说服力、公正的评估报告,能够清楚地得到重复或短缺的连续出版物,帮助用户解决停订或增订的难题,满足图书馆在评估连续出版物及数据库方面的需要。

三、外国报刊目录

《外国报刊目录》是中国图书进出口(集团)总公司出版的大型综合性外文连续出版物目录,始创于 1961 年,是国内唯一一套系统报道国外报纸与期刊、并被国内图书馆界公认的权威性工具书。《外国报刊目录》收录的连续出版物涵盖了 185 个国家和地区、约 50 种语言、7

万余出版社的 20 多万种报刊,几乎囊括了世界上各主要出版社的所有重要的报纸和期刊。现在每年出版光盘版,同时在网站上实时更新。

四、期刊引用报告(Journal Citation Reports,简称 JCR)

JCR 是一种关于期刊评估的工具,它客观地统计了 Web of Science 收录期刊所刊载论文的数量、论文参考文献的数量、论文的被引用次数等原始数据。它应用文献计量学的原理,计算出各种期刊的影响因子、即时指数、被引半衰期等反映期刊质量和影响的定量指标,多角度地反映期刊的重要程度。该工具可以使用户通过引文数据来评估和比较期刊,这些引文数据库摘自 80 多个国家和地区 2500 多家出版商出版的 10 000 余种学术期刊,几乎涵盖科学、工程技术和社会科学的所有领域,帮助用户了解出版物的影响力,被公认为是权威的期刊评价来源。

五、科学引文索引(Science Citation Index,简称 SCI)

SCI 于 1957 年由美国科学信息研究所(Institute for Scientific Information,简称 ISI)在美国费城创办,1961 年正式出版同名引文索引期刊。SCI 以布拉德福(S. C. Bradford)文献离散律理论、加菲尔德(E. Garfield)引文分析理论为主要基础,通过论文的被引用频次等的统计,对学术期刊和科研成果进行多方位的评价研究。《科学引文索引扩展版》(SCIE)针对科学期刊文献为 150 个自然科学学科的 8300 多种主要期刊编制了全面索引,包括从索引论文中收录的所有引用的参考文献。SCIE 收录文章的时间跨度为 1899 年至今,涵盖学科主要包括农业、药理学、生物化学、生物工艺学、物理、材料科学、医学、兽医学、计算机科学、化学、数学等。

六、社会科学引文索引(Social Sciences Citation Index,简称 SSCI)

SSCI 创建于 1973 年,由美国科学信息研究所出版,是对不同国家和地区的社会科学论文的数量进行统计分析的大型检索工具。SSCI针对社会科学期刊文献为 50 个社会科学学科的 2900 多种期刊编制了全面索引,还收录了从 3700 多种世界一流科技期刊中挑选出涉及社会科学研究的相关论文。SSCI 收录文章的时间范围从 1898 年至今,涵盖学科包括人类学、历史、行业关系、信息科学和图书馆科学、法律、心理学、社会学等。

七、艺术与人文科学引文索引(Arts & Humanities Citation Index,简称 A&HCI)

A&HCI 创建于 1978 年,由美国科学信息研究所出版,是针对艺术和人文科学期刊文献的多学科索引工具。A&HCI 覆盖了超过 1600 种世界领先的艺术和人文期刊,同时还从 6000 多种自然科学和社会科学期刊中挑选出涉及艺术和人文科学的相关文章并编制了索引。A&HCI 收录文章的时间范围自 1975 年至今,涵盖学科包括考古学、语言学、建筑学、文学评论、艺术、音乐学、文学、亚洲研究、音乐、古典学、哲学等。

八、斯高帕斯文摘与引文数据库(Scopus)

Scopus 是 Elsevier 公司于 2004 年推出的多学科文摘索引型数据库,收录了来自于全球 5000 余家出版社的近 21 000 种同行评审期刊文献,内容涵盖数学、物理、化学、工程学、生物学、生命科学及医学、农业及环境科学、社会科学、心理学、经济学等 27 个学科领域。

九、工程索引(Engineering Village,简称 EI)

EI 纸本刊物创刊于 1884 年,由美国工程信息公司(Engineering information Inc.)编辑出版,曾是查阅工程技术领域文献的综合性情报检索刊物,也是历史上最悠久的一部大型综合性检索工具。20 世纪 70 年代,EI Compendex 数据库产生,80 年代后期开始发行光盘版,90 年代推出了网络检索服务。EI 收录了 5000 多种工程期刊、会议文集和技术报告,记录数超过 1130 万条,涵盖 190 余个工程和应用科学学科。EI 收录文章的年代范围自 1969 年至今,主要涉及机械工程、土木工程、环境工程、电气工程、结构工程、材料科学、固体物理、超导体、生物工程、能源、化学和工艺工程、照明和光学技术、空气和水污染等领域和其他主要的工程领域。

十、期刊题录快讯(Current Contents Connect,简称 CCC)

CCC 最初的名称为"Current Contents",创刊于 1957 年,由美国汤森路透公司出版发行,是世界上重要的多学科最新资料通告之一。它汇集了全球权威性的自然科学、科技、社会科学、艺术人文等方面学术期刊的完整题录信息。CCC 分农业、生物与环境科学,社会与行为科学,临床医学,生命科学,物理、化学与地球科学,工程、计算与技术,艺术与人文科学七个专辑和商业、电子与电信两个合集。

十一、基本科学指标(Essential Science Indicators,简称 ESI)

ESI 是由美国汤森路透公司研制的基于 Web of Science 平台核心合集数据库的深度分析型研究工具。利用 ESI 数据库,用户可以访问来自于 Web of Science 核心合集(SCI/SSCI)收录的 10 000 余种期刊。它不仅具有分析机构、国家和期刊的论文产出和影响力的功能,还可以按研究领域对国家、期刊、论文和机构进行排名,帮助科研人员及采访人员发现自然科学和社会科学中的重大发展趋势。

国家图书馆出版社
图书馆学、信息管理科学新书推介

世界各国图书馆数字资源发展政策精要

朱硕峰编　　　　定价:48.00元　　　出版时间:2016-06　　　978-7-5013-5821-2

　　本书在国家图书馆、公共图书馆、大学图书馆中选择了最具代表性的一些图书馆,通过对这些国外图书馆数字资源建设政策的介绍,全面反映了各类型图书馆在数字资源建设的战略、政策、实践等方面的现状和经验。

外文电子资源采访工作指南

宋仁霞主编　　　定价:48.00元　　　出版时间:2016-08　　　978-7-5013-5894-6

　　本书围绕电子资源的产生、发展,系统地阐述了数字环境下外文电子资源的采购流程及评估等方面的具体工作实务,以期对采访工作者有一定的工作参考作用。

图书馆规范管理工作手册

东莞图书馆编　　　定价:120.00元　　　出版时间:2016-05　　　978-7-5013-5783-3

　　本书突破了传统的"图书馆规章制度汇编"的思路,全面厘清管理脉络,创建了符合东莞图书馆发展特色的制度框架体系,为东莞图书馆开展各项业务工作提供了依据和指南,进一步促进了业务管理的规范化、标准化。

★程焕文之问:数据商凭什么如此狼?

程焕文编　　　　定价:48.00元　　　出版时间:2016-07　　　978-7-5013-5844-1

　　本书从"程焕文十问"数据商引申开来,从图书馆、法学界、媒体、数据商等不同角度,对这一问题充分阐释各方观点与看法,尽管这本小书不能从根本上解决图书馆与数据商之间的问题,但这最起码体现了图书馆人积极的解决问题的态度和勇于承担社会责任的勇气。

★20 世纪西方与中国的图书馆学——基于德尔斐法测评的理论史纲

范并思等编著　　　定价:60.00 元　　　出版时间:2016-09　　　978-7-5013-5930-1

本书逻辑脉络清晰,评论切中肯綮,语言流畅精准,把图书馆学发展史和图书馆行业发展史线索清晰地呈现在读者面前,是枯燥的专业图书中少有的可以让人手不释卷一口气读完的理论著作。

★图书馆情报学概论

于良芝著　　　定价:75.00 元　　　出版时间:2016-08　　　978-7-5013-5883-0

本书是一部为融贯的图书馆情报学(Library and Information Science,LIS)而做的概论性著作,是国内首部针对 LIS 的基础理论教材。一改《导论》中刻意表现的专著风格,采用浅显易懂的语言并减少直接引用,极大地改善了内容的易读性。

文化行业标准化研究

柯平等编　　　定价:98.00 元　　　出版时间:2016-07　　　978-7-5013-5822-9

本书从基本原则、主要目标与任务、管理流程、保障与评估等多个方面确定"十二五"和"十三五"文化行业标准化重点研究领域,为形成我国文化行业标准体系和标准化体系框架以及文化行业标准化建设提供支持和服务。

ISO、IFLA 图书馆标准规范体系研究

刘兹恒主编　　　定价:60.00 元　　　出版时间:2016-07　　　978-7-5013-5824-3

本书通过采用文献调查法和比较分析法,搜集整理 ISO 和 IFLA 所制定的图书馆标准规范,对其进行数量、内容和体系框架等方面的分析,总结 ISO 和 IFLA 的标准化工作机制,与我国图书馆标准规范的情况进行对比,并针对目前我国图书馆标准规范的不足提出建议。

基层图书馆特色建设与创新服务

郑君平著　　　定价:48.00 元　　　出版时间:2016-07　　　978-7-5013-5843-4

本书从一名基层图书馆的管理工作人员的角度出发,以晋江市图书馆的实际情况为例,结合工作实践中遇到的问题,对基层图书馆的特色资源建设以及创新读者服务两方面提供了在新形势、新环境下的工作思路与方法,不仅在工作实践上更在理论上为基层图书馆的工作提供了引导。